K.L.A.R.

Annette Weber

Das ist mein Typ, du Miststück!

Verlag an der Ruhr

K.
L.
A.
R.

Impressum

Titel
Kurz – **L**eicht – **A**ktuell – **R**eal
Das ist mein Typ, du Miststück!

Autorin
Annette Weber

Verlag an der Ruhr
Mülheim an der Ruhr
www.verlagruhr.de

Ab 12 Jahre

ISBN 978-3-8346-0446-0

Printed in Germany

Begleitendes Unterrichtsmaterial:

K.L.A.R. – Literatur-Kartei:
„Das ist mein Typ, du Miststück!“
Annette Weber
Kl. 7–10, 66 S., A4, Papph.
ISBN 978-3-8346-0447-7
Best.-Nr. 60447

Hallo, grüß dich!

Ich bin Annette Weber, die Autorin dieses Buches.
Bevor du mit dem Lesen beginnst, will ich dir kurz etwas von mir erzählen.
Ich lebe mit meinem Mann, meinen drei Söhnen und meinen beiden Islandpferden im Kreis Paderborn in Westfalen.
Für mich gehört das Schreiben zu meinem Leben wie für andere vielleicht die Musik oder der Sport. Nur wenn die Tastatur meines Computers klappert, fühle ich mich rundum zufrieden und glücklich.
Hoffentlich merkst du, wie gerne ich schreibe, wenn du dieses Buch liest.

Ich wünsche dir viel Spaß beim Lesen.

Übrigens habe ich auch eine Homepage.
Sie lautet: www.annette-weber.com

1

Es war schon nach 9 Uhr, als Marlene am Gartenhäuschen der Familie Wensel eintraf. Die Fete war schon im vollen Gange.
„Marlene! Endlich!“ Charlotte, ihre beste Freundin, kam ihr entgegen. „Ich dachte schon, du kommst nicht mehr!“
„Aber klar doch! Ich lass doch meine Freundin nicht im Stich!“
Marlene drückte Charlotte fest. Charlotte klammerte sich an sie, wie eine Ertrinkende. „Was mache ich bloß so eine lange Zeit ohne dich.“ Sie schniefte. Auch Marlene war nahe davor, zu weinen.
Charlotte würde morgen nach England fahren. Für vier Wochen. Sie hatte einen Sprachaufenthalt gewonnen. Als beste Englischschülerin der ganzen Schule. Eigentlich war das wirklich ein Hauptgewinn. Sie hatte sich so wahnsinnig darüber gefreut.

Es passierte nicht oft, dass Hauptschüler einen Aufenthalt im Ausland machen durften. Aber Charlotte hatte sich mit ihren tollen

Englischkenntnissen sogar gegen die Schüler der Realschule durchgesetzt. Nur jetzt, als der Termin fast bevorstand, bekam sie doch Angst vor ihrem eigenen Mut.
„Meinst du, ich packe das?“, fragte sie, und ihre Stimme klang kratzig.
„Klar. Ganz bestimmt“, versicherte ihr Marlene. „Jedenfalls bist du die Einzige von uns, die das packt. Ich würde mich so etwas nie trauen.“
Charlotte seufzte und sah auf ihre Füße.
„Ich habe echt totale Angst“, sagte sie. „Und dann auch noch der Abschied von Markus.“
„Das kann ich verstehen!“, nickte Marlene.
Markus und Charlotte waren seit einem halben Jahr zusammen. Seitdem waren sie fast unzertrennlich.
„Meinst du, er bleibt mir treu?“
„Klar. Klaro!“, versicherte Marlene noch einmal.

Charlotte schob sie ins Gartenhäuschen.
„Jetzt komm erst mal rein. Alle sind schon da! Wir warten nur auf dich!“
Die Fete war im vollen Gange. Musik lief.

Viele tanzten zwischen bunten Luftballons und Luftschlangen herum. Nina kam auf Marlene zu.
„Na endlich! Hast du unser Geschenk mitgebracht?“
„Habe ich!“
Sie zog ein großes Foto aus der Umhängetasche. Es stellte das Dreiergrüppchen Nina, Marlene und Charlotte dar, wie sie Arm in Arm auf der Bank in der Fußgängerzone saßen und ein Eis aßen.
Nun umstellten die anderen Marlene.
„Was ist das denn für ein Bild?“
„Ui, klasse seht ihr aus!“
„Charlotte, das Foto ist für dich!“, rief Nina nun. „Damit du uns in der Fremde nicht vergisst!“
Nun liefen Charlotte wirklich noch die Tränen.
„Was für ein wundervolles Foto!“, rief sie. „Das bekommt einen Ehrenplatz in meinem Koffer.“
Marlene hatte ebenfalls Mühe, nicht zu weinen. Sie konnte sich gar nicht vorstellen, vier Wochen von ihrer Freundin getrennt zu sein. Aber irgendwann war diese Zeit ja auch

einmal zu Ende. Und in der Zwischenzeit würden sie jeden Tag miteinander chatten oder Mails schreiben. Marlene gab sich einen Ruck, drückte ihre Freundin noch einmal und wagte sich dann unter die Tanzenden.
Die ersten Partygäste hatten schon ganz schön viel getrunken und torkelten durch den Raum. Steffen stolperte vor ihre Füße und versuchte, irgendetwas zu erzählen. Marlene schob ihn angeekelt zur Seite. Dann ging sie in den Garten hinaus. Markus und Nina saßen auf dem Gartenzaun und ließen die Beine baumeln.
„Oh Mann, die arme Charlotte. Das geht ihr ja ganz schön nahe!“, seufzte Nina. „Ehrlich gesagt, ich könnte das nicht. Einfach so für eine Zeit ins Ausland zu gehen.“
„Und vor allem mich im Stich zu lassen“, erwiderte Markus. „Ich weiß gar nicht, was ich ohne sie machen soll.“
„Armer Markus!“, lachte Nina und streichelte ihm über den Arm. „Wir kümmern uns schon darum, dass du nicht versauerst.“
„Ich erinnere dich daran!“, lachte Markus. Sie flachsten noch eine Weile herum. Dann stand Marlene schließlich auf und ging zu

den anderen zurück. Sie wollte noch so viel Zeit wie möglich mit ihrer Freundin zusammen sein.

Als sich Marlene schließlich weit nach Mitternacht auf den Rückweg machte, hatte sie das Gefühl, selbst ein bisschen zu viel getrunken zu haben. Sie schwankte leicht und hatte Mühe, das Schlüsselloch zu finden. Dabei konnte sie doch höchstens ein Glas Sekt und zwei Flaschen Bier getrunken haben. Aber wenn man sonst nichts trank, war sogar das wahrscheinlich schon zu viel.

Leise, um ihre Mutter nicht zu wecken, öffnete sie die Korridortür. Dann ging sie weiter in ihr Zimmer und ließ sich aufs Bett fallen. Sie streifte die Schuhe von sich, zog die Jeans aus und rollte sich auf der Matratze zusammen. Dann war sie schnell eingeschlafen.

Als sie nach ein paar Stunden wach wurde, wusste sie erst gar nicht, wo sie war. Irgendetwas hatte sie geweckt. Das spürte sie.

Klong! Da war es wieder. Marlene richtete sich in ihrem Bett auf und lauschte.

Klong! Ein Steinchen flog gegen ihr Fenster.

Marlene stand auf und ging zum Fenster. Unten auf der Straße stand jemand. Marlene konnte eine dunkle Gestalt im Schein der Straßenlaterne erkennen. Sie kniff die Augen zusammen. Zweifellos. Es war Charlotte. Marlene erkannte sie an dem roten T-Shirt und den blonden Haaren.

„Charlotte?“ Sie öffnete das Fenster und beugte sich hinunter. „Charlotte“, flüsterte sie so leise wie möglich, aber doch so laut, dass die Freundin sie verstehen konnte. „Bist du das?“

„Ja. Bitte mach auf. Ich muss was mit dir besprechen.“

„Jetzt um diese Zeit?“

„Bitte. Es ist wichtig.“

Charlottes Stimme hörte sich so weinerlich an.

„Ich mache dir auf!“

Marlene schlüpfte in ihre Jeans, nahm dann den Schlüssel vom Haken und schlich die Treppe hinunter. Sie öffnete die Haustür des Mehrfamilienhauses und sah ihre Freundin direkt vor sich stehen.

„Was ist los?“
Charlottes Augen waren klein und rot. Ihre Wimperntusche zog sich in schwarzen Bahnen durch das Gesicht. Zweifellos, sie hatte geweint.
„Ich muss mit dir reden. Kann ich mit hochkommen?“
„Aber leise, ja. Mama schläft.“
Charlotte schlich hinter Marlene die Treppe hinauf. Auf Zehenspitzen bewegten sich die beiden durch die Wohnung in Marlenes kleines Zimmer. Charlotte warf sich auf Marlenes Bett und begann sofort wieder zu weinen.
„Meine Güte. Was ist denn los?“ Marlene war total erschrocken. „Hast du jetzt doch Angst bekommen? Glaub mir, Charlotte, das wird alles total gut. Nachher bist du so froh, dass du …“
Sie brach ab. Charlotte setzte sich auf und wischte die Tränen mit dem Handrücken fort.
„Es ist wegen Markus!“, sagte sie. „Ich glaube, er hat was mit Nina.“
„Mit Nina? So ein Quatsch!“, beeilte sich Marlene zu sagen. „Der liebt dich doch. Echt. Ganz bestimmt. Nur dich!“

Und dabei konnte sie nicht vermeiden, dass das Bild vor ihren Augen auftauchte, wie Markus den ganzen Abend neben Nina auf dem Gartenzaun gesessen hatte.
„Marlene! Ich bin nicht blind. Und ich bin nicht blöd!“, rief Charlotte nun lauter.
„Psst, Mama schläft nebenan!“, erinnerte Marlene.
„Ich bin jedenfalls nicht blind und nicht blöd! Den ganzen Abend haben die beiden da auf dem Zaun gesessen und geredet und geredet. Nina hat die ganze Zeit so verliebt gegeiert. Und Markus hat einen auf cool gemacht. Echt. Ich könnte die beiden …“
„Aber das heißt doch überhaupt nichts“, versuchte Marlene, ihre Freundin zu beruhigen. „Ich habe auch eine Zeit lang da gesessen. Es war gar nichts zwischen ihnen. Sie haben sich nur unterhalten. Wirklich.“
Charlotte schaute sie mit brennenden Augen an.
„Meinst du, echt?“
„Wenn ich es doch sage! Wirklich, Charlotte, die beiden sind einfach gute Freunde. Wie ich auch mit ihnen. Markus ist einzig und allein in dich verliebt. Das schwöre ich dir.“

Marlene hatte sich jetzt warmgeredet. Sie konnte sehr überzeugend sein, das merkte sie jetzt. Charlotte sah schon viel fröhlicher aus. „Er hat auch gesagt, dass er gar nicht weiß, was er ohne dich machen soll“, fügte sie hinzu. Dann biss sie sich auf die Lippen. Ihr fiel ein, dass Nina sich danach an ihn gedrückt und versprochen hatte, ihn zu trösten. Aber das sollte sie jetzt besser nicht Charlotte erzählen.
Charlotte wirkte entspannter.
„Vielleicht habe ich auch etwas zu viel Panik gehabt“, sagte sie dann. „Ich habe die beiden da sitzen sehen, und da dachte ich … Aber vielleicht war ich einfach selbst so verzweifelt, weil ich weggehe.“
„Markus ist echt traurig darüber“, begann Marlene noch einmal.
„Hoffentlich wartet er auf mich“, schniefte Charlotte jetzt. „Ich kann ohne ihn gar nicht leben.“
„Natürlich wartet er auf dich“, versicherte ihr Marlene noch einmal. „So lange bist du schließlich auch nicht weg.“

Charlotte nickte. Dann griff sie Marlenes Hand.
„Marlene, versprich mir, dass du die beiden nicht aus den Augen lässt, ja?“, sagte sie dann.
„Wie soll ich das denn machen?“, rief Marlene und versuchte, ihre Hand zurückzuziehen. Aber Charlotte hielt sie fest.
„Du musst sie beobachten“, erklärte sie dann. „Fahr zu jeder Fete, auf die sie gehen. Setz dich im Unterricht neben Markus. Beobachte, mit wem er sich verabredet, mit wem er telefoniert, mit wem er …“
„Das ist doch Wahnsinn!“, winkte Marlene ab. „Ich bin doch nicht sein Babysitter.“
Wieder liefen Charlotte die Tränen.
„Bitte!“, schluchzte sie. „Tu es für mich, ja?“
„Ich versuche es“, versprach Marlene schließlich widerstrebend. Aber wohl war ihr bei dem Gedanken nicht.

2

Der Stress begann gleich einen Tag später. Kaum war Charlotte nicht mehr in der Schule, begann Markus zu jammern.
„Soll ich jetzt hier vier Wochen lang an einem Einzelplatz sitzen“, rief er. „Und wer lässt mich beim Englischtest abschreiben? Wer hilft mir bei Mathe und Physik? Das kann mir Charlotte doch nicht antun!“
Nina stand von ihrem Platz auf und packte ihre Sachen zusammen.
„Warte, Markus. Ich setze mich neben dich.“
Sie wandte sich Marlene zu, neben der sie sonst saß. „Das macht dir doch nichts, Marlene, oder? Du kommst doch auch allein zurecht. Aber Markus können wir jetzt wirklich nicht allein lassen.“
Und sie verteilte ihre Sachen auf Markus’ Nachbarplatz.
Marlene war echt geplättet.
„Und was wird aus mir?“, wollte sie wissen. „Soll ich jetzt hier alleine sitzen? Ich glaube, ich spinne.“
Steffen drehte sich zu Marlene um.
„Soll ich mich zu dir setzen?“, wollte er wissen.

Marlene schluckte. Das war das Letzte, worauf sie Lust hatte.
„Nee, danke, Steffen“, erwiderte sie schnell. „Ich komm allein gut zurecht. Im Grunde brauche ich den Platz auch zum Malen.“
Und um ihm zu demonstrieren, dass sie ohne ihn gut zurechtkam, verteilte sie ihre Stifte und Zettel auf dem freien Platz. Dann begann sie, zu malen.

Marlene war ein Genie im Mangazeichnen. In Nullkommanix hatte sie Charlottes schmales Gesicht auf das Papier gezeichnet, fügte Augen, Nase und Mund dazu.
„Du hast es gut, Marlene!“, seufzte Markus. „Du hast immer ein tolles Geschenk für Charlotte. Ich überlege schon die ganze Zeit, womit ich sie überraschen könnte, wenn sie zurück ist.“
„Wie wäre es, wenn du bis dahin tanzen gelernt hast“, schlug Nina vor. „Charlotte war immer so traurig, dass du noch nicht mal einen Discofox hinkriegst.“
Markus schlug sich mit der flachen Hand vor die Stirn.

„Das ist es!“, rief er begeistert. „Ich mache einen Tanzkurs, nur für sie. Wenn sie dann aus dem Zug steigt, kann ich schon im Bahnhof einen flotten Tango mit ihr hinlegen.“
Marlene lächelte. „Das wäre wirklich ein tolles Geschenk“, bekräftigte sie. „Charlotte würde austicken.“

Nina kramte in ihrer Schultasche.
„Hier. Ich habe einen Prospekt von einer Tanzschule dabei. Guck mal. Die Kurse sind gar nicht so teuer.“
„Du Biest!“, dachte Marlene. „Du hast den Prospekt doch nicht zufällig dabei.“ Sie beobachtete Nina aus den Augenwinkeln. Nina lächelte zufrieden, als sich Markus darüberbeugte.
„Das hat sie genau geplant!“, schoss es Marlene durch den Kopf. Aber Markus schien das nicht zu merken. Himmel, Jungen waren einfach so naiv!
„Hmm.“ Markus warf einen Blick auf den Prospekt. „Jumpstyle – Grundkurse für Jugendliche – Creadance. Hört sich alles nicht so aufregend an.“

„Also, Jacky und Sina haben schon oft einen Kurs gemacht. Die waren ganz begeistert“, meinte Nina. Dann winkte sie Jacky zu sich herüber.
„Sag mal, Jacky, diese Tanzschule, bei der du bist, wie ist die so?“
Jacky setzte sich auf Markus’ Tischkante. „Also, ich finde es klasse da“, berichtete sie. „Ich habe schon tolle Leute kennengelernt und …“
„Ich will keine Leute kennenlernen“, murmelte Markus. „Ich wollte eigentlich nur tanzen lernen. Für Charlotte.“
„Was für eine tolle Idee“, schwärmte Jacky. „Mensch, Markus. Charlotte hat ja echt ein Schnäppchen mit dir gemacht.“
„Und jetzt will er auch noch für sie tanzen lernen“, flötete Nina. „Echt süß.“ Sie rückte dichter an Markus heran. „Ich verstehe nicht, wieso sie dich vier Wochen alleinlassen konnte.“

Nun wurde es Marlene echt zu viel. Sie stand auf und ging zu Markus hinüber.

„Vier Wochen sind ja keine Zeit", mischte sie sich ein. „Englandaufenthalt – bei so einem Gewinn hätte ja keiner von uns nein gesagt."
„Ich schon!", erwiderte Nina. „Jedenfalls, wenn ich so einen Freund hätte." Sie wedelte mit dem Prospekt. „Also, was ist, Markus? Melden wir uns da an?"
Marlene schnappte nach Luft. Das gab es doch gar nicht. Machte sich Nina jetzt so dick und dreist an Markus ran.
„Ich denke, er will tanzen lernen", mischte sie sich ein. „Was hast du damit zu tun?"
„Ich will auch tanzen lernen!", kicherte Nina und strich Markus über den Arm. „Oder hast du was dagegen, wenn ich mitkomme?"
„Im Gegenteil", erwiderte Markus. „Ich bin froh, wenn ich da nicht alleine hin muss."
Nina lächelte. „Na bitte!", flötete sie.
„Du Biest!", dachte Marlene. „Du willst eine Freundin sein! Du bist nichts weiter als eine gemeine Kuh!"
Wumm. Die Klassentür flog auf. Frau Rauterberg, die Englischlehrerin, betrat die Klasse. „Good morning, boys and girls. Please open your books on page 45. Nina, will you please start to read?"

Der Unterricht begann. Seufzend schob Marlene ihr Manga unter ihre Mappe und zog ihr Englischbuch hervor.

„Hi Charlotte! Kaum bist du weg, gibt es hier schon Alarmstufe rot“, schrieb Marlene abends im ICQ an Charlotte.
„Markus will für dich tanzen lernen und sich bei der Tanzschule anmelden. Und rate mal, wer gleich mit ihm mit will? Klar. Nina. Sie hat sich geradezu aufgedrängt.“
„Marlene, das kannst du nicht zulassen“, schrieb Charlotte zurück.
„Und was soll ich deiner Meinung nach tun?“, wollte Marlene wissen. Aber kaum hatte sie die Nachricht abgeschickt, wusste sie auch schon, was Charlotte schreiben wird.
„Häng dich rein, Süße! Melde dich auch an. Bitte! Ich flehe dich an.“
„Oh Gott!“ Marlene war echt verzweifelt.
„Das kannst du nicht von mir verlangen. Ich hasse tanzen.“
„Bitte Marley, tu es für mich!“, bat Charlotte. Da konnte sie einfach nicht nein sagen. Charlotte war schließlich ihre beste Freundin.

3

Tanzen lernen ist im Grunde ein Kinderspiel!“, erklärte der Tanzlehrer und rückte seine rote Brille weiter auf die Nase. „Es muss nur klar sein, wer führt und wer sich führen lässt. Aber da gibt es beim Tanzen eine klare Regel. Der Mann führt, die Frau lässt sich führen.“ Er klatschte in die Hände. „Wir üben das einfach mal. Und meine Damen, weil Sie sich führen lassen müssen, dürfen Sie sich jetzt einfach mal einen dieser schicken jungen Männer aussuchen.“

„Oh Gott“, dachte Marlene verzweifelt. „Das ist ja alles noch schlimmer, als ich dachte.“ Wie angewurzelt saß sie auf dem Stuhl und bewegte sich nicht. Nina sprang auf, rannte zu Markus hinüber und zerrte an seinem Arm. Der lachte und stand auf.

„Verdammt!“ Marlene hätte sich in den Hintern beißen können. „Ich muss einfach schneller werden. Sonst dauert es genau zwei Tanzstunden, dann hat Nina Markus abgeschleppt.“

„Junge Frau, auch Sie müssen sich einen Tanzpartner aussuchen!“, lächelte der

Tanzlehrer nun und stupste Marlene an. Die zuckte zusammen. Jetzt sah sie, wie alle zu ihr hinüberstarrten.
Marlene sprang auf und schaute erschrocken zu den Jungen hinüber. Es war niemand mehr frei.
„Wen soll ich – also ich weiß nicht …“ stotterte Marlene.
„Ich bin noch frei!“, erklärte der Tanzlehrer und schob seine rote Brille wieder höher auf die Nase.
„Auch das noch!“, hätte Marlene am liebsten gesagt, aber das traute sie sich nicht.

Der Tanzlehrer zog sie neben sich.
„Als Nächstes verbeugen wir uns leicht und stellen uns unserem Tanzpartner vor“, ordnete er an. Dann drehte er sich zu Marlene um, machte eine kleine Verbeugung und sagte so laut, dass alle es hören konnten „Edgar Wiegand.“
„So siehst du auch aus!“, dachte Marlene.
„Und nun sind Sie an der Reihe“, erklärte der Tanzlehrer.
Marlene spürte, dass ihr Gesicht heiß wurde.

Nur zu gut konnte sie sich vorstellen, wie ihr Gesicht aussah. So rot wie eine Signalanlage. Sie hasste es, wenn alle sie anstarrten.
„Marlene Leifeld“, sagte sie leise.
Der Tanzlehrer lächelte. „Ein schöner Name“, flötete er dann.
Er drehte sich zu den anderen Paaren um. „Stellen Sie sich nun bitte auch Ihren Partnern vor, und beginnen Sie dann eine freundliche Unterhaltung“, forderte er die Paare auf.
Wieder wandte er sich Marlene zu. „Schönes Wetter heute, nicht wahr“, sagte er. „Gestern war das Wetter auch schön, nicht wahr.“
„Was? Jaja!“, erwiderte Marlene und schielte zu Nina und Markus hinüber.
Markus flüsterte Nina etwas ins Ohr. Danach lachte Nina hell und laut.
„Sie lachen über mich!“, dachte Marlene.
Sie wurde wütend. Warum, um Gottes willen, musste sie sich diesen Quatsch antun? Was hatte sie damit zu tun, wenn Nina und Markus etwas miteinander anfingen?

„So, nun schauen Sie bitte alle zu mir und meiner bildhübschen Tanzpartnerin!“, fuhr

der Tanzlehrer wieder fort. „Ich zeige Ihnen jetzt die Tanzhaltung."
Er stellte sich Marlene gegenüber. „Der Mann ergreift die Hand seiner Tanzpartnerin und legt die andere Hand hier auf ihren Rücken. Die Frau …", er sah Marlene an, „legt ihre Hand auf seine Schulter. Ihre andere Hand ruht in seiner."
Marlene legte ihre Hand in seine. Die andere platzierte sie auf seiner Schulter. Sein Anzug kratzte.
Er lächelte. „Wunderschön, wie Sie das machen."
Er drehte sich wieder den anderen zu. „Nun führt der Mann die Dame seines Herzens dahin, wo er will, und sie folgt ihm."
Er lächelte Marlene dabei so an, dass sie sich beinahe geschüttelt hätte. Wenn er wenigstens gut aussähe! Aber er war mindestens so alt wie ihr Vater. Dazu diese alberne rote Brille. Dieser Kratzanzug. Das war schlichtweg Folter!
Nun setzte er sich in Bewegung. Und Marlene sich mit ihm. Sie war selbst überrascht, wie einfach das ging. Marlene spürte genau, wohin er gehen wollte, und bewegte sich mit

ihm zusammen. Vor und zurück gingen sie. Dann zur Seite. Kreuz und quer bewegte er sie durch den großen Tanzsaal.
„Selbst wenn sie die Augen schließt, weiß sie immer, wohin sie gehen soll", erklärte er weiter. „Schließen Sie die Augen", flüsterte er dann Marlene zu.
Die schloss die Augen. Trotzdem fühlte sie sich ganz sicher. Der Tanzlehrer konnte gut führen. Er leitete sie weiterhin sicher durch den Raum.
„Bitte machen Sie es nun auch!", forderte er die anderen Paare auf. „Führen Sie Ihre Tanzpartnerin durch den Raum. Lassen Sie sie spüren, wohin Sie gehen wollen."

Marlene öffnete die Augen und sah zu Markus und Nina hinüber.
Rums. Nina war Markus mit ihren hohen Schuhen auf den Fuß getreten. Er verzog schmerzverzerrt das Gesicht.
Marlene grinste. „Sie ist wohl doch nicht deine Traumpartnerin", dachte sie zufrieden.
Noch schlimmer wurde es, als Nina die Augen schließen musste. Markus führte sie in eine

Richtung, aber Nina wollte in eine andere. So prallten sie schließlich gegen einen Tisch, dass es nur so schepperte.

Der Tanzlehrer sah die beiden nachdenklich an.

„Darf ich mal?“

Er löste sich von Marlene und schob sie Markus zu. Dann nahm er Nina und drehte sie zu sich.

„Da scheinen Sie eine kämpferische junge Frau erwischt zu haben“, lächelte er.

„Die scheint ihre eigenen Ideen zu haben.“

„Und wie!“, dachte Marlene.

Der Tanzlehrer bewegte nun Nina übers Parkett.

„Führen lassen!“, sagte er immer wieder.

„Lassen Sie sich mal führen, junge Frau. Ja, so ist es besser. Und nun die Augen schließen. Ja. So geht es doch viel besser.“

Er lächelte Markus zu. „Lassen Sie uns die Partnerinnen wechseln!“, schlug er dann vor.

„Diese junge Frau“, er nickte zu Marlene hinüber, „hat eher Vertrauen zu uns Männern.“

Markus sah Marlene verlegen an.

„Hast du Vertrauen zu uns Männern?“, fragte er grinsend.
„Welche Männer?“, lachte Marlene. „Ich sehe hier nur Kleinkinder!“
Das hätte sie besser nicht gesagt.
„Was hast du gesagt?“, regte er sich auf.
Dann nahm er ihre Hand in seine, legte seine andere auf ihren Rücken und bewegte sie tapfer durch den Raum.
„Sehen Sie, junger Mann“, lächelte der Tanzlehrer begeistert. „Schon viel besser. Es macht was aus, wenn man die richtige Partnerin erwischt!“
Marlene sah, wie Nina mit den Augen funkelte. Am liebsten hätte sie gelacht.
„Noch besser würde es sicherlich mit Charlotte klappen“, sagte sie Markus leise ins Ohr.
Markus erwiderte nichts. Konzentriert schob er Marlene weiter über die Tanzfläche.
„Nun müssen die Damen noch einmal die Augen schließen!“, ordnete der Tanzlehrer an. „Und nur noch spüren, wohin ihr Partner gehen will.“
Markus zog Marlene fester an sich. Sein Mund schien jetzt ganz dicht an ihrem Haar

zu sein. Marlene konnte spüren, wie er atmete. Sie fühlte seine Hand fest auf ihrem Rücken, die andere in ihrer Hand. Sie bemerkte, wie ihre Schulter seine Brust berührte.
Und plötzlich spürte sie, dass ihr Herz heftiger schlug als vorher. Das machte sie total ärgerlich. Warum kriegte sie Herzklopfen, wenn Markus sie anfasste?
„Mit dir klappt es wirklich viel besser!“, hörte sie jetzt Markus Stimme direkt an ihrem Ohr.
„Freut mich“, murmelte sie leise und ließ dabei ihre Augen geschlossen. Sie bewegten sich weiterhin durch den Raum. Und irgendwie war das wirklich ein tolles Gefühl.

Nach der Tanzstunde saßen die drei noch zusammen im Bistro.
„Wenn ich gewusst hätte, dass ich die ganze Stunde mit diesem Schnulli von Tanzlehrer tanzen müsste“, jammerte Nina, „dann hätte ich mich nicht da angemeldet.“
„Wieso“, tat Marlene verwundert. „Ich denke, du gehst dahin, um Tanzen zu lernen. Und das geht mit einem Profi wie dem Tanzlehrer echt am besten.“

„Ich fand's toll mit dir", sagte Markus jetzt und beugte sich zu ihr hinüber. „Hat total Spaß gemacht."
Marlene wollte irgendetwas Lustiges erwidern, aber es fiel ihr einfach nichts ein. Sie sah nur, wie Markus sie aufmerksam anschaute. Seine dunkelbraunen Augen sahen nachdenklich aus.
„Ich fand es auch schön", erwiderte sie schließlich leise.
Sie sah, wie Nina von einem zum anderen schaute.
„Ihr scheint ja füreinander geschaffen zu sein", bemerkte sie spitz.
Markus lachte.
„Jedenfalls hat Marlene nicht so hohe Schuhe wie du", sagte er dann.
Nina lachte und schlug ihm mit ihrem Kaffeelöffel auf den Kopf.
„Weichei!", zischte sie.

4

Zu Hause startete Marlene ihren Computer und loggte sich in ihren Manga-Zeichenkurs ein. Hier hatte sie schon total viel gelernt. Die schönsten Manga hatte sie gezeichnet. Selbstbilder waren dabei, aber auch Bilder von Freundinnen, Freunden, ihrer Katze, ihrer Mutter und sogar von verschiedenen Lehrern.

Heute gab es einen neuen Kurs im Internet. Wie man eine Kussszene zeichnete. Interessiert betrachtete Marlene die Aufgabe. Zunächst musste man zwei Personen von der Seite darstellen, die möglichst dicht nebeneinander standen.

Das war nicht so schwer. Marlene hatte schon oft Figuren ganz gezeichnet. Sie griff nach einem weichen Bleistift und zeichnete einen Jungen und ein Mädchen in Umrissen dicht nebeneinander. Die Menschen hatten noch kein Gesicht und noch keine Haare. Nur ihre Kopfform war zu sehen.

Marlene zeichnete die größere Person so, dass sie seitlich vor der kleineren stand. Trotzdem waren beide Figuren von der Seite gut zu erkennen. Nun gestaltete sie die Nase und die Oberlippe des Mädchens so, dass sie genau auf die Oberlippe und Unterlippe des Jungen traf.

Das war nicht so einfach. Sie musste die Figuren ein bisschen verbessern, sonst hätten sie aneinander vorbei geküsst. Aber dann waren die Umrisse endlich gelungen.

Marlene betrachtete ihre Zeichnung nachdenklich. Es sah aus, als wenn der Junge das Mädchen zu sich hinüberziehen würde. Das Mädchen hatte die Schultern hochgezogen und sah ein bisschen erschrocken aus. Marlene zeichnete nun die Augen des Mädchens weit aufgerissen, mit erstauntem und erschrockenem Gesichtsausdruck. Der Junge dagegen sah sehr verliebt aus. Er hatte die Augen geschlossen und die Lippen gespitzt.

Die Taskleiste auf ihrem Desktop blinkte gelb.

„Hi Marley, bist du on?“, meldete sich Charlotte im ICQ.

Marlene legte den Stift zur Seite und starrte auf die küssenden Menschen des Mangakurses im Internet. Wenn sie so zeichnen würde, wäre sie absolut der King. Aber vielleicht kriegte sie das mit ein bisschen Übung wirklich hin.

„Bin on!“, schrieb sie dann. „Wie geht es dir in England?“

„Alles total klasse“, schrieb Charlotte. „Ich habe eine nette Familie erwischt. Mit zwei kleinen Kindern und einem Hund. Das ist total lustig.“

„Klasse“, erwiderte Marlene.

Sie nahm den Stift wieder in die Hand und zeichnete nachdenklich weiter. Sie gab dem Mädchen schulterlange dunkle Haare und braune Augen. Dabei schaffte sie es, einen Lichtpunkt in die Augen einzufügen. Das sah total realistisch aus.

„Gehst du auch zu der Party an der Sophie-Scholl-Schule?“, schrieb Charlotte.

„Was du alles weißt“, tippte Marlene zurück.

„Ich habe nicht so große Lust“, schrieb sie dann. „Du weißt ja, ich stehe nicht so auf Feten.“

„Marley, du musst!“, meldete sich Charlotte jetzt. „Markus geht auch dahin. Er meinte, Nina würde auch kommen.“

Marlene fluchte. Sie hatte einfach keine Lust mehr auf diesen Babysitterjob. Sie wollte nicht mehr da sein, wo Markus war. Fertig. Ende. Aus. Das musste Charlotte nun endlich akzeptieren.
Marlene zeichnete nun den Typen. Sie gab ihm blonde Haare und einen Mittelscheitel.
„Warum antwortest du nicht?“, schrieb Charlotte jetzt.
„Himmel, Lotte, ich kann nicht mehr!“, antwortete Marlene jetzt sauer. „Ich habe einfach keinen Bock auf diese Feten. Die sind doch total öde. Zwischen Markus und Nina wird schon nichts laufen.“
Kaum hatte sie den Satz zu Ende geschrieben, da klingelte das Telefon im Wohnzimmer. Marlene hörte, wie ihre Mutter an den Apparat ging.
„Charlotte? Wie schön, dich zu hören. Wie geht es dir?“, sagte sie.
Marlene seufzte. Sie schob ihre Mangazeichnung unter das Englischbuch. Wäre ja zu peinlich gewesen, wenn ihre Mutter sie entdeckt hätte.
„Marlene?“ Ihre Mutter klopfte gegen die Zimmertür. „Charlotte ist dran.“

„Hab ich mir schon gedacht", erwiderte Marlene und nahm den Hörer.
Charlotte sprudelte los.
„Marlene. Du hast mir versprochen, auf Markus aufzupassen. Bitte. Geh zu der Fete. Ich habe so ein blödes Gefühl, dass sonst zwischen den beiden was läuft."
„Au Scheiße!", fluchte Marlene. „Hör zu, Lotte, der Job ist nichts für mich. Ich habe wirklich andere Sachen zu tun, als …"
Sie brauchte gar nicht weiterzureden. Charlottes Stimme klang so verzweifelt, dass sie sich nur sagen hörte: „Schon gut, Charlotte. Klar. Kein Problem. Ich wollte eigentlich sowieso zu der Fete. Ja klar. Mache ich. Ich erzähle dir alles. Ehrenwort."

Als sie aufgelegt hatte, hätte sie sich am liebsten im Bett verkrochen. Aber es half nichts. Sie hatte es Charlotte nun versprochen. Unglücklich nagte sie an ihrer Unterlippe. Dann zog sie ihre Zeichnung wieder unter ihrem Englischbuch hervor und betrachtete sie genauer.

Wenn sie ehrlich war, sah dieses küssende Pärchen ein bisschen wie Markus und sie aus. Es fehlte noch die Kleidung.
Marlene zeichnete den Jungen in einem grünen Kapuzensweatshirt, wie ihn Markus so oft trug. Sich selbst malte sie in ihrem schwarzen T-Shirt mit dem V-Ausschnitt und der kleinen Kette mit dem Lederbändchen.
Perfekt! Marlene lief ein Schauer über den Rücken. Das Bild war irgendwie total realistisch geworden.
Schnell schob sie das Bild unter die Schreibunterlage. Dieses Manga durfte niemand sehen. Niemand! Absolut niemand!

Als Marlene über den Schulhof auf die Sophie-Scholl-Schule zuging, glaubte sie, ihr Herz würde stillstehen.
Sie sah Markus auf der Treppe zur Turnhalle sitzen. Neben ihm saß Nina, den Kopf an seine Schulter gelehnt.
Was würde Charlotte dazu sagen? Charlotte hatte so sehr gehofft, Markus würde ihr treu bleiben. Aber kaum war sie eine Woche aus dem Land, hatte er schon eine andere.

Aber es gab noch etwas, das ihr wehtat.

Tief in ihrem Innern spürte sie eine seltsame, unbestimmte Traurigkeit. Die hatte nichts mit Charlotte zu tun. Das war irgendetwas, das sie selbst betraf. Hatte sie sich etwa selbst in Markus verliebt?

Sie dachte an ihre Mangazeichnung. Markus und sie, die sich küssten. Aber das war ja nun mehr als albern. So einen Gedanken durfte sie gar nicht erst aufkommen lassen. Marlene überlegte, einfach wieder umzudrehen. Was sollte sie hier auf diesem blöden Schulfest? Nina hatte es doch schon geschafft, Markus für sich zu gewinnen. Jetzt konnte sie genauso gut wieder nach Hause gehen.

„Marlene!", hörte sie nun Markus' Stimme. „Marlene? Huhu, wir sind hier!"

Er winkte.

Marlene erstarrte. Was sollte sie jetzt machen? Warum rief er sie denn? Er hätte sich doch freuen können, wenn sie nichts gesehen hätte.

Nun stand Markus auf. Die Art und Weise, wie er sich aus Ninas Armen befreite, sah

irgendwie seltsam aus. Dann kam er zu ihr hinüber.
„Bin ich froh, dass du da bist!“, rief er ihr zu. Jetzt stand er direkt vor ihr.
„Hör zu!“, sagte er. „Ich weiß gar nicht, was ich machen soll. Nina hat sich total zugesoffen. Sie kann gar nicht mehr stehen. Hängt nur noch an mir rum und tütet mich zu.“
„Mein Gott!“
Marlene schaute nun zu Nina hinüber. Sie war immer weiter auf die Treppe gesunken. Jetzt lag sie ausgestreckt da.
„Bitte komm doch mal mit!“, flehte Markus sie an. „Und sag mir, was ich tun soll.“
Gemeinsam gingen die beiden zu Nina hinüber. Nina lag jetzt auf den Stufen und grinste blöd.
„Na, ihr beiden Süßen“, lallte sie.
Dann versuchte sie, sich aufzurichten, aber sie schaffte es nicht.
Markus war sofort bei ihr. Er beugte sich über sie und versuchte, ihr zu helfen.
Das fand Nina zu lustig. Sie ließ sich tiefer in seine Arme sinken und strich mit der einen Hand über seine Haare.
„Bist du niedlich!“

Sie zog sich an ihm hoch und versuchte, ihn zu küssen.
„Ach Mensch, Nina, lass das doch!“, rief Markus verärgert.
Aber Nina saugte sich an seiner Wange fest.
Markus ließ sie los. „Hör auf damit!“, fuhr er sie an. „Das nervt.“
Er schüttelte sie. „Hör zu, Nina, du bist total besoffen. Du musst echt nach Hause.“
„Ich ka - kann nicht!“, kicherte Nina.
„Ich kann gar nicht mehr - lau - laufen.“
Markus drehte sich zu Marlene um.
„Schaffen wir es, sie nach Hause zu bringen?“
„Wir können es versuchen. Sie wohnt nicht so weit“, murmelte Marlene.

5

Es war nicht so einfach, Nina nach Hause zu schleppen. Immer wieder knickte sie ein.

„Küss mich doch noch mal, Markus“, lallte sie. „Bitte! Komm schon!“

Markus Gesicht verzog sich. Er sah total wütend aus.

„Nerv doch nicht so rum!“, zischte er. „Sonst lass ich dich echt mitten auf der Straße liegen.“

Nina kicherte wieder. „Aber du l - legst dich da - dazu, ja?“

„Oh Gott!“ Markus sah Marlene an und verdrehte die Augen. „Komm. Pack mit an, Marlene. Wir haben es gleich!“, sagte er.

Als sie Nina endlich an ihrer Wohnungstür abgeliefert hatten, mussten sie sich auch noch eine Strafpredigt von ihrem Vater anhören.

„Was fällt euch ein, meine Tochter so abzufüllen!“, brüllte er. „Du wolltest dich wohl an sie ranmachen, was?“

„Sie war schon besoffen, als sie an der Schule ankam“, sagte Markus verärgert.

„Damit haben wir nichts zu tun!“
Doch der Vater hörte nicht auf sie. Er griff Nina unter die Arme und führte sie ins Haus. Dann knallte er die Haustür hinter sich zu. Einen Augenblick lang standen Marlene und Markus vor der geschlossenen Haustür und starrten auf das blaue Holz der Tür.
„Herzlichen Dank für eure Hilfe!“, sagte Marlene schließlich.
„Pfff!“, machte Markus.
Sie gingen auf die Straße zurück und wussten nicht, was sie sagen sollten.

„Den nächsten Besoffenen lasse ich da liegen, wo ich ihn gefunden habe“, zischte Markus zwischen den Zähnen. „Nina war wirklich schon besoffen, als sie auf dem Schulhof ankam. Sie hatte eine Flasche Wodka mit. Die war schon fast zur Hälfte leer.“
„Beruhige dich doch!“, sagte Marlene. „Eltern kapieren so etwas nicht. Die wollen immer anderen die Schuld in die Schuhe schieben. Nur ihr Schätzchen ist unschuldig!“
„Darauf habe ich aber überhaupt keinen Bock!“, regte sich Markus auf. „Der Typ kann

doch wenigstens mal danke sagen. Und dann noch dieser blöde Spruch, dass ich mich an Nina ranmachen wollte. Wer macht sich denn an wen ran? Glaubt der Typ, ich finde es witzig, wenn sie sich an mir festlullert wie ein Baby. Ich kam mir vor wie ein Schnullerersatz."

Marlene lachte.

„Echt, Markus, reg dich wieder ab. Sie mag dich eben, aber sie traut sich nicht, es dir zu sagen. Darum hat sie ..."

„Sie traut sich nicht, es mir zu sagen? Hallo?" Markus blieb stehen. „Sie sagt es mir seit einer Woche." Er trippelte im Kreis und piepste mit hoher Stimme. „Markus, du bist so süß. Wie konnte Charlotte dich nur allein lassen. Wollen wir nicht tanzen lernen?"

Er blieb vor Marlene stehen und redete wieder normal.

„Dann stürzt sie in der Tanzstunde wie ein Aasgeier auf mich zu und ..."

„Ich dachte, du findest das gut!", wagte Marlene zu sagen.

Markus riss die Augen auf.

„Himmel, Marlene. Ich bin mit Charlotte zusammen. Ich lass sie doch nicht sitzen, nur weil sie mal für einen Monat weg ist. Und mit Mädchen wie Nina, die sich sofort jedem an den Hals schmeißen, kann ich sowieso nichts anfangen. Die nerven einfach nur."

Sie gingen weiter. Ziellos.

Plötzlich blieb Markus stehen.

„Wohin gehen wir eigentlich?", wollte er wissen.

Marlene zuckte mit den Schultern. „Ich wollte eigentlich nach Hause", sagte sie. „Ich wohne hier gleich um die Ecke."

„Lädst du mich auf eine Cola ein?", fragte Markus.

Als Marlene mit Markus die Wohnung betrat, schaute ihre Mutter aus der Küche.

„Ach, schon wieder da?"

„Die Fete war blöd", erklärte Marlene ein bisschen verlegen.

Dann machte sie eine Kopfbewegung zu Markus hinüber. „Das ist Markus. Charlottes Freund. Wir wollten noch ein bisschen quatschen."

„Klar. Klasse. Hallo." Marlenes Mutter reichte Markus die Hand.

Danach ließ sich Markus in Marlenes Zimmer auf den Schreibtischstuhl sinken und schaute sich um.

Er lachte, während er sich die Poster an den Wänden anschaute. „So habe ich es mir vorgestellt."

Dann blickte er zu den Manga hinüber, die sie um den Schreibtisch herum mit Stecknadeln an die Wand gepinnt hatte.

„Du kannst unglaublich klasse zeichnen. Wahnsinn! Sogar die Rauterberg kann man erkennen. Oh, da ist ja auch Charlotte. Und hier ist deine Mutter, was? Und dieser Mann da?"

„Mein Vater", entgegnete Marlene schnell.

„Er wohnt nicht mehr bei uns. Meine Eltern sind geschieden. Aber in den Ferien sehe ich ihn. Manchmal", fügte sie hinzu.

„Meine Eltern sind auch geschieden", berichtete Markus. „Meine Mutter hat wieder geheiratet. Das ist auch nicht der Hit. Jetzt habe ich einen nörgeligen Stiefvater und zwei kleine nervige Schwestern."

Markus betrachtete Marlene aufmerksam. Das Gespräch war plötzlich sehr persönlich geworden. „Ich kenne dich eigentlich gar nicht so richtig“, sagte er. „Du bist für mich immer die stille freundliche Freundin von Charlotte gewesen.“ Er lächelte. „Dass du so schön zeichnen kannst? Du musst die Menschen genau beobachten.“
Sein Gesicht sah jetzt so liebevoll aus. Marlene spürte, wie sie plötzlich Herzklopfen bekam.
„Ich hole uns mal was zu trinken, ja?“, sagte sie schnell, stand auf und ging in die Küche. Als sie mit zwei Gläsern zurückkam, passierte es. Sie wollte Markus Cola einschenken, aber weil er sie so verliebt dabei anschaute, spritzte ein Teil der Cola direkt neben das Glas.
„Oh, verdammt!“, sagte Marlene.
„Macht nichts!“, erwiderte Markus. „Das wischen wir gleich weg. Hast du irgendwo ein Tempo. Oder ein Papier?“
Er griff unter die Schreibtischschublade.
„Ah, hier ist ein Blatt.“
Er hielt das Manga mit der Kussszene in der Hand.

„Was ist das denn?“
Marlene wäre am liebsten im Boden versunken.
„Ach nichts. Ich habe nur was ausprobiert.“
Sie versuchte, ihm das Blatt aus den Händen zu reißen. Aber Markus hielt es fest. „Lass mal. Vorsicht. Reiß es nicht kaputt!“
Er betrachtete es genauer. „Das ist total gut geworden.“
Er ließ das Blatt sinken und sah Marlene an. Dann schaute er wieder auf das Blatt.
„Ich Vollidiot! Ich oberidiotischer Supervollidiot!“, dachte Marlene verzweifelt. „Warum habe ich das Bild nicht wenigstens in die Schublade getan? Warum habe ich es überhaupt gemalt? Warum …?“
Sie sah, wie Markus das Bild nachdenklich auf den Schreibtisch legte. Vorsichtig und weit genug von der Colapfütze entfernt.
„Er hat sich nicht erkannt“, dachte Marlene und schöpfte sofort Hoffnung.
„Marlene?“ Markus war jetzt aufgestanden.
„Es sieht so aus, als wenn du dich gemalt hättest.“
„Ach, naja, Manga sehen ja alle gleich aus. Mit diesen großen Augen.“

„Aber dieses T-Shirt. Und diese Kette. Das trägst du doch eigentlich oft."
Markus schaute wieder auf das Bild. „Und dieser Typ mit dem Kapuzenshirt. Der sieht ehrlich aus wie ich."
Marlene bekam einen Schweißausbruch. „Aber das hat überhaupt nichts …"
Weiter kam sie nicht. Markus stand so dicht vor ihr, dass sie seinen Atem spüren konnte.

„Wieso malst du so etwas?", wollte er wissen. Was sollte sie sagen? Weil das gerade in meinem Mangakurs vorkommt? Das hätte er ihr sowieso nicht abgenommen.
„Wieso?", fragte er noch einmal. Und nun wanderte sein Zeigefinger ganz behutsam durch ihr Gesicht.
Marlene begann plötzlich, zu zittern.
„Nicht", flüsterte sie leise. „Mach das bitte nicht."
Sein Zeigefinger hielt inne. Langsam ließ Markus den Arm sinken.
„Schenkst du mir das Bild?", fragte er leise.
Marlene schüttelte den Kopf. „Nein", sagte sie mit heiserer Stimme.

Er nahm das Glas und trank einen Schluck Cola. Dann sah er sie wieder lange und nachdenklich an.
„Was denkst du, wenn du so etwas malst?“
Marlene bekam furchtbare Angst. Sie schüttelte den Kopf.
„Ich denke an gar nichts. Ich mache so einen Mangakurs mit. Und da war das jetzt Thema.“
„Ein Kuss?“ Markus lächelte. „Ein Kuss zwischen mir und dir?“
„Zwischen zwei Personen. Irgendwem. Ich habe einfach mich gemalt und dann noch jemanden.“
„Mich. Du hast mich gemalt, oder? Das ist ja süß!“
Markus sah wieder auf das Bild. Dann auf Marlene.
Marlene hielt es nicht mehr aus. Sie ging zur Tür und öffnete sie.
„Bitte geh jetzt, ja?“, flüsterte sie. „Bitte.“
Markus zögerte. Dann ging er langsam zur Tür.
Vor ihr blieb er noch einmal stehen und schaute sie an. Dann lächelte er.
„Bis dann“, sagte er.
„Bis dann“, flüsterte Marlene.

Als er gegangen war, schlug sie die Zimmertür fest hinter sich zu.
Dann warf sie sich auf das Bett, verschränkte die Arme unter dem Kopf und starrte an die Zimmerdecke.
Warum nur war es so weit gekommen?
Warum musste sie so ein Bild malen? Was hatte sie sich denn selbst dabei gedacht? Hatte sie sich in Markus verliebt? Nie im Leben. Das durfte sie einfach nicht. Markus war Charlottes Freund. Er hatte ihr klar gesagt, dass er auf Charlotte warten würde. Und sie? Sie hatte Charlotte fest versprochen, auf Markus aufzupassen, damit Nina nicht mit ihm abzog. Und das hieß ja nun auf keinen Fall, dass sie sich in ihn verliebte.
„Was denkst du, wenn du so etwas malst?“, hatte er gefragt.
Was Markus wohl von ihr dachte?
Marlene schloss die Augen. Sie fühlte sich so elend, wie noch nie in ihrem Leben. Was, wenn sie ihm morgen in der Schule wieder begegnete. Sie konnte ihm doch nie wieder in die Augen schauen.

Marlene warf sich auf ihrem Bett herum und vergrub ihr heißes Gesicht im Kopfkissen. Sie wollte Markus nicht wieder sehen. Nie, nie wieder.

Als sie am nächsten Morgen erwachte, war ihr klar, dass sie nicht zur Schule gehen konnte. Sie konnte und wollte Markus heute nicht sehen. Erst musste sie wieder Boden unter den Füßen bekommen. Die Ausrede mit der Periode glaubte ihre Mutter, Gott sei Dank, sofort.

Als ihre Mutter die Wohnungstür hinter sich zugezogen hatte, stand Marlene auf und ging unruhig in ihrem Zimmer auf und ab.

An ihrem Schreibtisch blieb sie stehen. Hier hatte Markus über ihr Gesicht gestreichelt. Warum hatte er das gemacht? Marlene schloss einen Moment lang die Augen. Sie hatte das Gefühl, seinen Finger immer noch in ihrem Gesicht zu spüren.

Das war ein schönes Gefühl. Ein viel zu schönes Gefühl!

Nachdenklich zog Marlene noch einmal das Manga unter ihrer Schreibunterlage hervor. Es war noch nicht fertig. Der Lichteinfall war noch nicht perfekt. Sie malte und malte und spürte dabei gar nicht, wie die Zeit verging.

Plötzlich klingelte es an der Haustür. Marlene warf einen Blick auf die Uhr. Es war kurz vor zehn. Das konnte jetzt eigentlich nur der Postbote sein. Sie drückte auf den Türöffner und machte die Korridortür auf. Dann erschrak sie fast zu Tode. Markus stand direkt vor ihr.
„Entschuldigung", sagte er. „Eine Nachbarin hat mich reingelassen. Darum bin ich schon hier an der Wohnungstür."
Marlenes Verstand lief auf Hochtouren. Sie konnte und durfte Markus jetzt auf keinen Fall in ihre Wohnung lassen. Dieses Bild lag mitten auf dem Schreibtisch.
„Warum warst du nicht in der Schule?", fragte er.
„Krank!", krächzte Marlene. „Tierische Kopfschmerzen und so." Sie spürte, wie ihre Knie zitterten. „Und wieso – wieso bist du hier?"
„Mir ging es auch nicht gut", entgegnete Markus. „Bauchschmerzen und so. Ich durfte nach Hause gehen." Er machte einen Schritt auf den Flur zu. „Kann ich reinkommen?"
Marlene schüttelte den Kopf. „Nein. Das geht nicht. Ich bin …"

Seine Augen schienen sie fast zu durchdringen.
„Ich muss mit dir reden. Bitte!“, sagte er.
„Das kannst du doch“, erwiderte Marlene und baute sich im Türrahmen auf.
„Doch nicht hier auf dem Flur“, erwiderte Markus.

Er war jetzt so dicht an sie herangekommen, dass Marlene zurückwich. Nun stand er doch im Flur und machte die Korridortür hinter sich zu.
„Hör zu, Marlene“, sagte er. „Ich habe die ganze Nacht über uns beide nachgedacht.“
Marlene hatte schreckliche Angst vor dem, was jetzt kam.
„Ja und?“, flüsterte sie fast tonlos.
„Mir ist zum ersten Mal klar geworden, wie gern ich dich mag“, sagte Markus jetzt leise. „Du bist ein ganz besonderer Mensch. Ganz anders als die anderen Mädchen. Als Charlotte und Nina und all die anderen aus unserer Klasse.“
Marlene senkte den Kopf. Sie war einfach nur verwirrt. Was versuchte er, ihr zu sagen?

Du bist ein besonderer Mensch. So etwas sagte ihre Mutter auch oft zu ihr. Sie sagte es vor allem, wenn Marlene unglücklich war. Wenn sie fand, dass sie hässlich aussah. Wenn sie fand, dass sie nicht so schlagfertig wie die anderen war. Nicht so eine tolle Figur hatte wie die anderen. Nicht so locker mit Jungs reden konnte wie die anderen.
„Lene, du bist etwas ganz Besonderes“, sagte sie dann immer.
Markus stand immer noch dicht vor ihr. Zu dicht, wie Marlene fand. Vorsichtig wich sie weiter zurück.

„Bitte, Marlene. Ich muss mit dir reden. Bitte. Kann ich in dein Zimmer?“
Marlene nickte und öffnete ihre Zimmertür. Sie machte sich gar nicht die Mühe, das Bild zu verstecken, das auf dem Schreibtisch lag. Markus ging auf den Schreibtisch zu und betrachtete es lange.
„Es ist wunderschön geworden“, sagte er. Dann drehte er sich zu ihr um, legte seine Arme auf ihre Schultern und zog sie an sich. Sie spürte seine Lippen auf ihren. Seine

Hände in ihrem Haar. Auf ihrem Gesicht.
Sie spürte, wie ihr überall warm wurde. Und dann streichelten ihre Hände auch. Sie fuhren durch seine Haare, über sein Gesicht.
Unendlich lange standen sie da und küssten sich.
Als sie sich endlich voneinander lösten, schaute er sie lange an.
„Ich habe mich in dich verliebt", sagte er dann.
Marlene spürte, wie ihr alle Farbe aus dem Gesicht wich. Langsam bewegte sie sich von Markus weg. Bis sie schließlich an der Wand ihres Zimmers angekommen war.
War sie wahnsinnig geworden?
Sie lehnte ihren Körper gegen die Wand.
Die kühle Wand tat ihr gut.
„Bitte nicht", flüsterte sie. „Das geht nicht."
Markus nickte.
„Ich weiß", sagte er dann. „Ich finde es selbst ganz schlimm. Aber es ist so, wie ich es sage. Ich habe mich in dich verliebt. Daran kann ich auch nichts ändern."
Er kam nun langsam einen Schritt auf sie zu.
„Und so ganz gleichgültig scheine ich dir ja auch nicht zu sein, oder?"

Marlene wusste nicht, was sie erwidern sollte. Sie nickte. Schüttelte dann den Kopf. Dann nickte sie wieder.

„Ich weiß es nicht“, sagte sie schließlich.

„Ich bin furchtbar durcheinander. Bitte, Markus. Ich bin krank. Bitte lass mich allein, ja? Ich muss einfach mal in Ruhe über alles nachdenken.“

Markus nickte. „Ich gehe“, sagte er. „Aber es ändert sich nichts dadurch. Für mich jedenfalls nicht.“

Er ging nun entschlossen auf sie zu. Drückte sie noch einmal ganz fest. Ohne sie zu küssen. Dann ging er zur Zimmertür und verließ den Raum. Marlene hörte, wie er die Korridortür hinter sich schloss.

Sie setzte sich an ihren Schreibtisch und saß dort eine ganze Weile bewegungslos.

„Quatsch!“, dachte sie schließlich. „Ich liebe ihn nicht. Er ist der Freund meiner besten Freundin. Ich darf ihn nicht lieben, und ich werde ihn nicht lieben. Wie sonst soll ich Charlotte noch einmal in die Augen sehen können?“

Abends war Charlotte im Chat.
„Hi Marlene, wie läuft es bei euch?“, wollte sie wissen.
„Heute kann ich dir leider nichts sagen“, schrieb Marlene. „Ich war nicht in der Schule. Probleme mit meiner Birne, weißt du? Aber es wird schon nichts passiert sein. So wie Nina gestern gesoffen hat, hatte sie sicherlich heute einen Kater.“

7

Sie konnte nicht ewig in der Schule fehlen. Das wusste Marlene auch. Und sie wollte es auch nicht. Die nächste Mathearbeit stand an. Und die Referate für Bio wurden verteilt. Aber das war nicht alles. Sie wollte auch Markus wieder sehen.

Seit gestern hatte sie unablässig an ihn gedacht. Wie er sie gestreichelt und geküsst hatte. Und wie er ihr gesagt hatte, dass er sich in sie verliebt hat.

Gleichzeitig aber hatte sie genau vor dieser Begegnung riesengroße Angst.

Wie sollte denn nun alles weitergehen? Sie konnte Markus doch nie wieder in die Augen sehen. Sie konnte nie wieder unbeschwert mit ihm reden.

Als sie die Klasse betrat, spürte sie ihr Herz wie einen Hammerschlag.

Markus saß neben Nina und schrieb die Deutschhausaufgaben aus ihrem Heft ab.

Als er Marlene sah, blickte er sie kurz an.

„Hi, Marlene. Wir haben dich echt vermisst", rief Nina. „Nicht, Markus?", wandte sie sich dann an ihn.

Markus sah sie aufmerksam an.
„Ja“, sagte er dann langsam. „Wir haben sie vermisst.“
Sein Blick war durchdringend.
„Freut mich“, erwiderte Marlene schnell.
„Aber es war nichts zu machen. Ich hatte schreckliche Kopfschmerzen.“
Sie sah zu Markus hinüber. Der lächelte.
Da wandte sie ihren Blick wieder ab.

Herr Kramer, der Deutschlehrer, betrat die Klasse. Wie immer, warf er seine Tasche aufs Pult, zog sein Deutschbuch heraus und begann mit dem Unterricht.
Marlene war kaum in der Lage, sich zu konzentrieren. Sie schaute zu Markus hinüber.
Er sah heute total gut aus. Weißes T-Shirt.
Blaue Jeans. Eigentlich wie immer. Nur seine braunen Augen schienen heute noch ernster und nachdenklicher auszusehen als sonst.
Er hatte sein Buch aufgeschlagen.
Immer wenn er sich konzentrierte, zog er die Stirn ein kleines bisschen in Falten.
Nun schaute er zu ihr hinüber. Erwartungsvoll. Dann lächelte er.

„Marlene!“, hörte sie nun Herrn Kramers Stimme durch eine Nebelwand. „Marlene? Hallo? Bist du da?“
Herr Kramer stand jetzt direkt neben ihr. Erschrocken stellte Marlene fest, dass nicht nur Markus zu ihr hinüberschaute. Die ganze Klasse starrte sie an.
„Das gibt es doch gar nicht!“, empörte sich Herr Kramer. „Sie hat noch nicht mal ihr Buch aufgeschlagen!“ Er beugte sich zu ihr hinunter. „Du hast ja tief geschlafen. Wir lesen schon bestimmt seit zehn Minuten. Hast du wenigstens etwas Schönes geträumt?“
Nun lächelte Markus und zwinkerte Marlene zu.
„Ich weiß nicht. Ich habe eigentlich nichts geträumt“, erwiderte Marlene und spürte, wie ihr Gesicht schon wieder heiß wurde.
„Du hast aber ein ganz abgeklärtes Gesicht gemacht“, lachte Herr Kramer. „So als wärst du ganz woanders. Auf Wolke sieben oder so.“
Er drehte sich zu Markus um.
„Dann lies du mal weiter, Markus. Und für dich, Marlene – S. 78. Der dritte Absatz.“

Markus beugte sich über sein Buch und räusperte sich.
„Das Mädchen schaukelte auf dem Boot hin und her“, las er. „Dann tauchte sie einen Kuss ins Wasser.“
Alle blickten auf und starrten Markus an. Dann ging ein riesiges Gelächter durch die Klasse.
„Kuss!“, quietschte Nina.
„Kuss!“, lachten auch Jacky und Sina.
„Äh. Fuß. Ich meine Fuß.“
Auch Markus wurde ein bisschen rot.
Er vermied es, Marlene anzusehen.
„Kuss und Fuß ist ein ziemlicher Unterschied“, grinste Herr Kramer.
„Das sollte man besser nicht vertauschen. Carlos, lies du mal weiter.“
Carlos war wie immer konzentriert bei der Sache. Er wusste, wo sie waren, und las aufmerksam und mit guter Betonung.
Markus schaute jetzt von seinem Buch hoch und blickte Marlene direkt in die Augen. Einen langen Augenblick sahen sie einander an.
Dann hielt Marlene es nicht mehr aus und senkte ihren Blick.

Endlich war große Pause. Marlene stürzte aus der Klasse und verschwand auf der Toilette. Dort schloss sie sich ein, setzte sich auf den Klodeckel und dachte nach. Wie sollte das alles weitergehen? Sie war kaum in der Lage, sich zu konzentrieren. Immer musste sie an Markus denken.

Himmel! Warum musste er auch ausgerechnet ihr gegenüber sitzen. Das war einfach nicht auszuhalten.

Marlene blickte auf die Uhr. In fünf Minuten war die Pause vorbei. Dann blieb ihr nichts anderes übrig, als wieder in die Klasse zurückzukehren.

Jemand rüttelte an ihrer Tür.

„Mach doch mal hinne!", hörte sie eine Stimme. „Ich muss auch mal."

Schnell zog Marlene die Klospülung. Dann schloss sie auf. Ein Mädchen schoss an ihr vorbei auf die Toilette.

Marlene ging auf den Schulhof zurück. Plötzlich sah sie Markus.

Er fasste sie an den Händen und zog sie in den kleinen muffigen Kartenraum neben der Toilette. Dann schloss er den Kartenraum ab.
„Bist du wahnsinnig? Was soll das?"
Marlene hatte so schrecklich Herzklopfen, dass sie kaum noch Luft bekam.
„Ich habe mich extra um den Job gerissen, die Karte für Erdkunde zu besorgen", sagte Markus und lachte. „Ich dachte, dann kann ich dich endlich noch küssen, bevor der Unterricht wieder losgeht."
Er zog sie an sich. Strich ihr durch das Gesicht. Dann kamen seine Lippen verdammt nahe.
Marlene versuchte, seinem Kuss auszuweichen. Aber sie schaffte es nicht.
„Vielleicht will ich es auch gar nicht", dachte sie, als seine Lippen ihren Mund berührten.
„Vielleicht habe ich nur Angst vor dem großen Chaos, das danach kommen wird."
Und dann ließ sie es zu, dass er sie küsste.
Seine Lippen waren weich und warm.
„Hee!", flüsterte Markus. „Du zitterst ja. Mann, Mädchen. Keine Angst. Ich tue dir nichts. Ich will dich doch nur mal kurz für mich haben."

Marlene versuchte, ruhig zu atmen. Das Zittern hörte nicht auf.
„Was ist? Hast du über uns nachgedacht?“, fragte er.
Die Schulglocke ertönte.
„Bitte, Markus! Bitte lass mich!“
Markus löste sich von ihr.
„Was ist?“, fragte er unsicher.
„Charlotte!“, flüsterte Marlene. „Ich will ihr das einfach nicht antun. Das ist so gemein von mir. So furchtbar gemein. Ich verspreche ihr, auf dich aufzupassen, damit dich Nina nicht wegschnappt, und dann schnappe ich dich ihr weg. Das wird sie mir nicht verzeihen. Und echt, ich kann es verstehen.“
„Ich weiß!“ Markus drückte sie fester. Seine Hände streichelten sie. „Ich komme mir auch so schäbig vor.“ Er küsste ihr Haar. „Aber ich kann es nicht ändern. Ich liebe dich nun mal.“
Er küsste sie wieder und wieder. Und Marlene konnte nicht anders. Sie küsste ihn ebenfalls.
Überall waren Schritte zu hören. Die Schüler stürmten ins Schulgebäude.
Marlene löste sich nur schweren Herzens von Markus.

„Geh schon mal in die Klasse zurück“, sagte Markus. Seine Stimme hatte sich verändert. Sie hörte sich rau an. „Ich muss nur noch diese verdammte Karte suchen.“
Langsam ging Marlene über den Flur in die Klasse zurück. Sie war völlig durcheinander.

Als Markus und Marlene nach dem Unterricht mit den anderen aus der Klasse auf dem Schulhof herumstanden, sahen sie einander nicht an.
Markus redete, als wäre nichts geschehen. Marlene stand still dabei und wusste nicht, was sie sagen sollte.
„Marlene, tut mir Leid, dass ich vorgestern so unmöglich war“, grinste Nina verlegen und schielte zu Markus hinüber.
„Vor allem dein Alter kann sich wohl mal bei mir entschuldigen“, fuhr Markus sie an. „Der hat uns ja wohl echt langgemacht. Das fand ich unmöglich.“
„Du hast ihn danach nicht erlebt“, grinste Nina. „Der hat mich auch echt fertig gemacht. Vor allem, als ich nicht zur Schule wollte. Da hatte er nicht besonders viel Mitleid.

‚Wer saufen kann, kann auch zur Schule', hat er gemeint."
„Das sagt meine Mutter auch immer", seufzte Steffen.
Nina warf sich ihre Haare aus dem Gesicht. „Ich habe jedenfalls immer noch einen ganz schönen Brummschädel. Ich gehe mal nach Hause."
„Ja, tschüss dann", erwiderte Markus sehr schnell.
Marlene merkte, dass er mit ihr allein sein wollte. Ihr ging es genauso. Sie konnte es kaum erwarten, dass auch die anderen gegangen waren.
„Gehen wir noch ein Stück, oder musst du nach Hause?", wandte sich Markus nun an Marlene.
„Ich habe noch Zeit", erwiderte sie.

Sie gingen durch den Stadtpark. Er war menschenleer. Markus schlug den Weg zu einer Bank ein, die hinter ein paar Büschen lag.
„Komm, lass uns ein wenig reden, ja?", schlug er vor.

Die Bank, auf die sie sich setzten, war vom Weg aus nicht einzusehen. Marlene war froh darüber. Nichts fand sie schlimmer, als von Klassenkameraden entdeckt zu werden.
Sie saßen nebeneinander, ohne sich zu berühren.
Markus schaute sie nicht an.
„Hast du nachgedacht?“, fragte er.
„Ja“, sagte Marlene leise.
„Und?“ Das kam sehr leise.
„Ich habe mich auch in dich verliebt“, sagte Marlene.
Markus nahm ihre Hand, führte sie an seinen Mund und küsste ihre Fingerspitzen.
„Das Schlimme ist nur – ich weiß nicht, wie ich es Charlotte sagen soll“, fügte Marlene hinzu.
Markus hörte nicht auf, ihre Finger zu küssen.
„Wenn wir ganz sicher sind, dass wir uns mögen, wird uns etwas einfallen“, sagte er schließlich.
Dann umarmte er sie. Und Marlene hatte den großen Wunsch, er würde sie nie wieder loslassen.

„Hallo Marlene, bist du on?“ schrieb Charlotte abends. „Ich kann es kaum erwarten, euch bald wiederzusehen. Vor allem auf Markus freue ich mich. Und natürlich auf Nina und dich. Wie geht es euch?“
Marlene schaute lange auf die Schrift. Dann drückte sie das X ihres ICQ und fuhr den Computer herunter.

8

Viel zu schnell war die letzte Woche vergangen. Markus und Marlene trafen sich jeden Tag. Mal bei Marlene zu Hause, mal bei Markus. Und dann auch noch in der Schule und in der Tanzstunde. Sich hier zu sehen, war besonders schwer. Niemand durfte merken, dass sie sich ineinander verliebt hatten.

Marlene hatte oft Angst, Nina würde Verdacht schöpfen. Sie schaute sie oft so nachdenklich an.

„Wie soll es bloß weitergehen?“, fragte Marlene Markus, als sie wieder einmal Arm in Arm auf ihrem Sofa saßen und miteinander redeten.

„Ich werde es ihr sofort sagen, wenn sie kommt“, versprach Markus.

„Sie wird schrecklich traurig sein“, sagte Marlene unglücklich. „Und sie wird es mir nie verzeihen.“

„Aber es ist nicht zu ändern“, erwiderte Markus. „Wir haben uns eben ineinander verliebt. Das kann man nicht einfach so rückgängig machen.“

Voller Angst zählte Marlene die Tage bis zu Charlottes Rückkehr.
Und dann, als der Tag da war, stand sie mit den anderen am Bahnhof und wartete voller Angst auf den einfahrenden Zug.
Nina und Hannah hatten Luftballons mit der Aufschrift „Herzlich Willkommen“ mitgebracht. Carlos und Steffen hielten einen kleinen roten Teppich in der Hand. Und Markus hatte eine rote Rose mitgebracht, die er Charlotte überreichen wollte.
Das war alles ein bisschen übertrieben, fand Marlene. Aber sie konnte auch verstehen, dass man Charlotte nicht gleich bei der Ankunft mit der Wahrheit kommen konnte.
„Achtung auf Gleis 4. Es hat Einfahrt der Zug aus Mannheim über Frankfurt, Kassel.“
„Sie kommt“, rief Nina.
„Sie kommt“, murmelte auch Markus.
Sein Gesicht sah blass und ernst aus.
Der Zug fuhr ein. Marlene trat zurück und schaute sich das Geschehen an. Was war das für eine üble Komödie, die sie hier spielten? Ein lächerliches Theaterstück.

Zu schlecht, um es aufzuführen.
„Da ist sie!“, rief Carlos und warf Charlotte den roten Teppich entgegen. Charlotte stieg aus dem Abteil aus.
„Hee, ich bin wieder da!“
Sie streckte die Arme in die Höhe und sprang vor Freude in die Luft. Dann rannte sie über den Teppich auf ihre Freunde zu.
„Wahnsinn, was ihr euch da ausgedacht habt!“

Markus bekam einen Schubs von Nina.
Dann stolperte er auf Charlotte zu.
„Hallo, Charlotte! Herzlich willkommen in Deutschland!“
Er überreichte ihr die Rose.
Charlotte schlang ihre Arme um seinen Hals.
Dann küsste sie ihn lange und liebevoll.
„Bin ich froh, dich wiederzusehen“, rief sie.
„Ich auch“, sagte Markus leise.
Sie küssten sich wieder.
„Er liebt sie immer noch“, dachte Marlene plötzlich.
Und sie spürte, wie sie nahe davor war, in Tränen auszubrechen.

„Marlene! Nina! Oh, wie schön, dass ihr auch gekommen seid!“
Charlotte stürzte auf Marlene zu und drückte sie fest an sich.
„Danke, dass du dich um alles gekümmert hast!“, flüsterte sie Marlene ins Ohr. „Ohne dich wäre ich bestimmt verzweifelt. Danke, danke. Du bist meine beste Freundin.“
„Ich bin ein Schwein!“, dachte Marlene unglücklich. „Wenn du wüsstest, was für ein riesiges Schwein ich bin!“
Laut sagte sie: „Ich bin so froh, dass du wieder da bist.“
Nun umarmte Charlotte auch Nina. Dabei war sie deutlich zurückhaltender.
„Grüß dich, Nina“, sagte sie dann. „Schön, dich wiederzusehen.“
Dann entdeckte sie auch ihre Eltern, die sich etwas abseits gehalten hatten.
„Mama, Papa“, rief sie. „Bin ich froh, wieder da zu sein. England war klasse. Aber zu Hause zu sein, ist auch toll.“
Sie umarmte ihre Eltern ebenfalls. Dann drehte sie sich erneut zu Markus um.
„Markus, wo bleibst du?“, rief sie. „Komm mit zu uns, ja? Dieser Abend gehört heute uns

allein, ja? Und in der nächsten Woche gibt es eine große Fete bei uns."
„Geht das schon wieder mit den Feten los?", jammerte ihr Vater mit gespielter Tragik.
„Nun war es endlich mal ein paar Wochen lang ruhig."
„Wird Zeit, dass es wieder mal mit dem Chaos losgeht", lachte Charlotte. „Seid ehrlich. Das habt ihr doch schon lange vermisst."

Als Marlene im Bett lag, konnte sie einfach nicht einschlafen. Immer wieder musste sie an Markus denken. Markus auf der Fete. Markus in ihrem Zimmer, wie er das Foto anschaute. Markus im Kartenraum.
Markus auf dem Bahnhof. Wie er Charlotte küsste.
Dieses Bild tat furchtbar weh. Es führte dazu, dass sie nicht schlafen konnte.
Sie musste wissen, wie es ihm ging.
Und was er über all das dachte.
Marlene griff zu ihrem Handy und rief ihn an.
„Hi, Marlene. Kannst du auch nicht schlafen?", hörte sie seine Stimme.
„Nein", gab Marlene ehrlich zu.

Und dann nach einer Weile fragte sie:
„Wie war der Abend bei Charlotte?"
Markus seufzte. „Er war schrecklich", sagte er dann. „Ich konnte es ihr nicht sagen. Sie war so glücklich, mich zu sehen. Und sie hat so viel erzählt." Er schwieg eine Weile.
„Ich brauche noch Zeit", meinte er dann.
Marlenes Herz schien sich zusammenzuziehen.
„Wie stehst du zu ihr?", wollte sie wissen.
Markus antwortete sofort.
„Ich liebe sie nicht mehr", sagte er.
„Ich liebe wirklich nur dich. Glaubst du mir?"
„Ja", antwortete Marlene. „Ich liebe dich auch."
Dann drückte sie das Gespräch weg.

9

Das Wochenende, das nun kam, war wunderschön. Jedenfalls was die Temperatur betraf. Die Frühlingssonne schien es richtig gut zu meinen.
Marlene zwang sich, früh aufzustehen.
Sie hatte beschlossen, mit ihrer Mutter zu frühstücken.
Ihre Mutter hatte Tee gekocht und Brötchen geholt. Als sich Marlene zu ihr setzte, betrachtete sie ihre Tochter aufmerksam.
„Du hast etwas auf dem Herzen, oder?“, wollte sie wissen.
Marlene nickte.
„Ich habe etwas ganz ganz Schreckliches getan“, sagte sie dann.
Und dann begann sie, zu weinen.
Frau Leifeld sah zuerst erschrocken aus.
Dann schüttelte sie den Kopf.
„Lenchen“, sagte sie dann. „Es gibt nichts, das eine Mutter nicht verstehen könnte. Ich glaube, ich könnte es sogar verstehen, wenn du einen Mord begangen hättest.“
Marlene lächelte unter Tränen.
„So schlimm ist es nun auch wieder nicht“,

flüsterte sie. „Aber fast so schlimm."

Und dann weinte sie wieder.

Frau Leifeld wartete ab. Sie wusste, irgendwann würde Marlene anfangen, zu erzählen. Und so war es auch.

„Ich habe mich in Markus verliebt", sagte sie dann. „Und er sich auch in mich. Nun wissen wir nicht, wie wir es Charlotte sagen sollen."

Frau Leifeld senkte den Kopf. Sie dachte daran, wie ihr Mann ihr von der anderen erzählt hatte. Und wie für sie eine Welt zusammengebrochen war.

„Was immer passiert, ihr müsst es ihr sagen", sagte sie dann. „Und zwar so schnell wie möglich. Bevor sie es von jemand anderem erfährt."

Zuversichtlich hatte Marlene ein paar Stunden später bei Markus geklingelt.

Er öffnete die Tür und strahlte.

„Marlene!", rief er. „Oh wie klasse. Ich dachte schon, Charlotte wäre gekommen." Er umarmte sie und schob sie dann in sein Zimmer.

„Komm rein. Bei uns ist gerade wieder dicke Luft. Mein Stiefvater meckert mit meinem

Bruder rum. Meine Mutter ist quengelig. Alles wieder mal in guter Wochenendstimmung."
Er küsste sie lange.
Marlene dachte daran, dass er einen Abend vorher Charlotte geküsst hatte, und das tat ihr furchtbar weh.
„Es ist schrecklich, dass du es ihr noch nicht gesagt hast", meinte sie.
Markus nickte.
„Ich wollte es tun", sagte er unglücklich. „Aber ich wusste nicht, wie ich es anstellen sollte. Charlotte war so überglücklich, mich zu sehen. Sie hat mich immer wieder gedrückt und geküsst. Und dann hat sie mir auch noch was mitgebracht."
Unglücklich öffnete er das kleine Kästchen, das auf dem Schreibtisch stand und zog ein kleines Kettchen hervor. Ein schwarzes Lederbändchen mit einem kleinen silbernen Herzen.
„Ein Glücksbringer", murmelte er.
Marlene trat einen Schritt zurück.
„Hör zu, Markus", sagte sie. „Du musst dich jetzt entscheiden. Noch hast du die Möglichkeit, bei Charlotte zu bleiben. Sie würde nie etwas über uns erfahren."

Markus trat auf sie zu und umarmte sie.
„Marlene“, sagte er dann. „Ich habe mich entschieden. Ich liebe dich. Nur dich. Verstehst du das? Ich war einen Abend bei Charlotte, weil ich ihr nicht wehtun wollte. Aber ich liebe sie nicht mehr.“
Draußen auf dem Flur waren Schritte zu hören.
„Heute ist ja wohl der Teufel los!“, hörten sie die Stimme von Markus Stiefvater. Er schien ziemlich wütend zu sein.
Markus zog Marlene fester an sich.
„Hör nicht auf ihn“, murmelte er. „Der meckert den ganzen Tag.“
Marlene drückte sich an ihn.
„Hoffentlich kommt meine Mutter nicht mit so einem blöden Typen an“, kicherte sie und drückte Markus einen Kuss auf den Mund.
„Du hast es wirklich nicht so einfach“, sagte sie dann.

Die beiden waren so in einen Kuss versunken, dass sie nicht hörten, wie die Tür von Markus’ Zimmer geöffnet wurde und sich eine Gestalt ins Zimmer schob.

Dann fuhren die beiden erschrocken auseinander. Vor ihnen stand Charlotte. Sie stand da wie angewurzelt. Alle Farbe schien aus ihrem Gesicht gewichen zu sein. „Das kann doch nicht sein!“, rief sie und presste die Hand vor den Mund. „Markus! Marlene! Sagt, dass das nicht wahr ist!“ Marlene riss sich von Markus los. Erschrocken suchten ihre Hände Halt an der Tischkante des Schreibtisches. Markus bewegte sich nicht.

„Charlotte“, sagte er schließlich, und seine Stimme hörte sich an, als wenn er mit einem kleinen Kind sprach. „Es tut mir leid. Ich wollte nicht, dass du es so erfährst. Aber es ist so, dass …“

„Du bist mit Marlene zusammen? Mit meiner Freundin Marlene?“

Charlottes Stimme überschlug sich fast. „Das kann doch nicht wahr sein! Das ist doch ein Witz. Bitte, Markus. Sag, dass das ein Witz ist.“

Marlene schlug die Hände vor die Augen und begann, zu weinen.

Mit schnellen Schritten ging Charlotte auf sie zu und fasste sie an den Haaren.

„Jetzt heulst du auch noch?“, schrie sie. „Du alte Schlampe. Du hast mich die ganze Zeit belogen. Nicht Nina hat sich an Markus rangemacht. Du warst es.“
Sie riss heftiger an Marlenes Haaren. Es tat furchtbar weh. Aber Marlene wehrte sich nicht.
„Ich habe es verdient“, dachte sie. „Ich bin wirklich ein riesiges Schwein.“
„Charlotte. Lass Marlene los!“, rief nun Markus und stürzte zu Charlotte hinüber. Er zog Charlotte von Marlene weg.
„Ha, da sieht man ja, zu wem du hältst“, schrie Charlotte noch lauter. „Du verlogenes Miststück. Du Schwein. Gestern hast du mir noch gesagt, dass du dich freust. Dass du mich liebst. Und dann stehst du hier und knutscht mit Marlene?“
Jetzt begann sie, laut zu weinen.
„Ich hasse euch!“, brüllte sie. „Freunde nennt ihr euch. Dabei seid ihr die verlogensten Ärsche, die es gibt.“
Markus Zimmertür wurde aufgerissen, und der Stiefvater stand in der Tür.
„Was gibt es denn hier zu brüllen“, motzte er. „In meiner Wohnung wird nicht geflucht.“

Er sah von Markus zu Charlotte und dann zu Marlene.
„Was gibt es denn?“, wollte er wissen.
Charlotte nahm das Kettchen, das sie Markus geschenkt hatte, und warf es Markus ins Gesicht.
„Zur Hölle mit dir!“, schrie sie. „Zur Hölle mit euch allen. Ich hasse euch.“
Und dann lief sie aus dem Zimmer.
„Charlotte, warte doch!“, rief Markus. „Bitte bleib doch. Lass uns doch in Ruhe über alles reden.“
Blind vor Tränen, stolperte Charlotte gegen einen kleinen Schuhschrank, trat dann dagegen. Dann riss sie die Korridortür auf und rannte aus der Wohnung. Marlene und Markus hörten, wie sie die Treppe hinunterrannte. Dann schlug sie die Haustür fest hinter sich zu.

10

Der nächste Tag in der Schule wurde ein lähmender Albtraum, der kein Ende nehmen wollte.
Charlotte war bereits in der Klasse, als Marlene den Klassenraum betrat. Sie wurde von allen Klassenkameraden umringt und erzählte lebendig von ihrer Zeit in England. Marlene erkannte mit einem Blick, dass sie ihre Tasche auf ihren alten Platz gelegt hatte. Ob sie plante, wieder neben Markus zu sitzen?
Marlene ging unschlüssig zu ihrem Platz und setzte sich. Niemand redete mit ihr. Im Gegenteil. Alle sahen betont in eine andere Richtung. Nun kam Nina herein. Sie steuerte den Platz neben Charlotte an.
„Was soll das denn?“, regte sich Charlotte auf. „Markus sitzt neben mir. Oder habt ihr das jetzt verändert?“
„Nein, nein“, beeilte sich Nina schnell zu sagen. Sie nahm ihre Tasche und überlegte einen Moment lang. Dann setzte sie sich neben Marlene, rückte aber bis zum Ende des Tisches und vermied es, Marlene anzusehen.

Markus kam erst kurz vor dem Klingeln. Marlenes Herz klopfte. Wie würde er sich entscheiden?
Markus sah von Charlotte zu Marlene.
Er zögerte.
„Was ist?“, fuhr ihn Charlotte an. „Traust du dich noch nicht mal mehr, neben mir zu sitzen?“ Ihre Augen funkelten. Markus wusste offenbar nicht, wie er sich verhalten sollte.
„Ich wollte mich eigentlich neben Marlene …“, begann er vorsichtig.
Da war auch schon Frau Rauterberg hinter ihm an der Tür.
„Good morning, boys and girls. Sit down please”, begann sie.
Markus setzte sich immer noch nicht.
„Markus?“, wunderte sich die Englischlehrerin.
„Setz dich doch endlich. Wir wollen anfangen.“
„Äh, ich wollte eigentlich neben Marlene sitzen“, sagte Markus nun.
„Marlene?“, wunderte sich Frau Rauterberg.
„Die sitzt doch neben Nina.“
„Aber ich …“
„Wir können uns nicht einfach ohne zu fragen umsetzen“, tönte Charlotte jetzt. „Also mach schon. So schlimm bin ich ja wohl auch nicht.“

„Genau!“, lachte Frau Rauterberg. „Er sollte froh sein, neben dir zu sitzen. Wo du doch jetzt so gut in Englisch bist.“
Markus wagte nicht, zu widersprechen. Er setzte sich auf den Platz neben Charlotte und sah Marlene unglücklich an. Dann zuckte er mit den Achseln.
„Nichts zu machen“, sagten seine Augen.
„Feigling!“, dachte Marlene.

Der Unterricht begann.
„Please open your book on page 67“, sagte Frau Rauterberg.
Charlotte beugte sich zu Markus hinüber. „Kann ich mit in dein Buch gucken? Ich habe meins gar nicht mitgenommen.“
Sie lächelte ihn an. Dabei sorgte sie dafür, dass Markus in den tiefen Ausschnitt ihres T-Shirts blicken konnte.
Sie spielte mit ihm. Das merkte Marlene ganz genau. Und es tat ihr furchtbar weh. Entweder Markus spürte es nicht, oder es machte ihm nichts aus. Er lächelte zurück, warf einen Blick in ihren Ausschnitt und schob dann sein Buch zu ihr hinüber.

„Klar."
So wie sie beide über das Buch gebeugt waren, sahen sie aus wie immer. Wie das Liebespaar, das sie vorher gewesen waren.
In Marlenes Hals bildete sich ein dicker Kloß.
Hatte ihr Markus nicht versichert, dass er sie liebte? Jetzt sah er zu ihr hinüber. Er zwinkerte. Dann warf er ihr einen Kuss zu.
Marlene fühlte sich sofort besser.
Natürlich. Markus liebte sie wirklich. Er war eben nur gezwungen worden, neben Charlotte zu sitzen.
„ … Vokabeltest …", rissen sie Frau Rauterbergs Worte aus dem Träumen.
Vokabeltest. Der kam wie immer ungelegen.
Alle stöhnten. Aber Frau Rauterberg kannte keine Gnade. Mit schnellen Schritten wanderte sie durch die Klasse und verteilte ein Arbeitsblatt.
„Fangt an!", sagte sie dann. „Ihr habt 10 Minuten Zeit."
Fassungslos starrte Marlene auf das Blatt.
Taschenrechner, Beruf und Elektroniker las sie. Taschenrechner war klar. Das hieß calculator. Und Beruf?
Vorsichtig schaute Marlene zu Nina hinüber.

Doch die hatte ihren Zettel mit ihrem Arm verdeckt und schrieb eifrig.
Marlene blickte zu Markus. Auch er schien Probleme mit den Vokabeln zu haben. Kein Wunder. Sie beide hatten in der letzten Zeit viele andere Dinge im Kopf gehabt. Das Lernen war eindeutig zu kurz gekommen.
Markus nickte Marlene zu. Dann zuckte er mit den Achseln. Vorsichtig versuchte er, zu Charlotte hinüberzuschielen. Charlotte grinste zufrieden. Jetzt schob sie ihr Blatt so, dass Markus ihr Geschriebenes erkennen konnte. Markus lächelte ihr dankbar zu. Dann schrieb er die Wörter ab. Dabei blickte er Marlene nicht an.

In der Pause waren sie auf dem Schulhof in der Gruppe zusammen. Marlene stand neben Markus, aber auf seiner anderen Seite hatte sich Charlotte platziert. Sie beobachtete die beiden mit zusammengekniffenen Augen.
„Na, Mausi!“, sagte sie jetzt zu Markus. „Was hättest du in Englisch ohne mich gemacht.“
„Echt! Danke!“, erwiderte Markus und strich ihr hastig über den Arm. Dann schielte er zu

Marlene hinüber und verdrehte die Augen. So als wenn er sagen wollte, dass ihm Charlotte mit ihrem Getue auf die Nerven ginge. Aber Marlene war sich nicht mehr so sicher.

Auch auf dem Nachhauseweg waren sie zu dritt. Marlene ging links, Charlotte rechts, Markus in der Mitte. Marlene wagte nicht, ihn anzufassen.

„So, ich muss hier abbiegen!“, sagte Markus an der Petristraße, obwohl er auch noch eine Straße weiter hätte gehen können. „Ich mach mich dann mal auf den Weg. Tschau. Man sieht sich!“

Und weg war er.

Marlene blieb vor Schrecken fast das Herz stehen. Sie hatte ganz vergessen, darüber nachzudenken, dass Charlotte und sie noch ein längeres Stück zusammen gehen mussten.

Unruhig drehte sie sich um. Vielleicht war ja Nina ausnahmsweise mal hinter ihr. Aber Nina hatte sich klugerweise aus dem Staub gemacht.

Langsam ging Marlene neben Charlotte her. Zuerst sprachen die beiden kein Wort. Dann legte Charlotte los.
„Du siehst, wie es ist!“, begann Charlotte. „Du warst eine nette Abwechslung. Weil ich nicht da war. Ist ja klar. Jungs brauchen immer mal ein bisschen Sex. Das ist leider so.“
Marlene blieb erschrocken stehen.
„Was denkst du!“, rief sie. „Ich hatte doch keinen Sex mit ihm. Spinnst du!“
„Hach!“ Charlotte lachte spitz und schlug sich geziert die Hand vor den Mund. „Nicht mal das! Du Ärmste. Da hast du ja echt was verpasst.“
Marlene spürte, wie die Kälte langsam an ihr hoch kroch. Eine Weile gingen sie schweigend weiter. Dann lachte Charlotte plötzlich so laut, dass Marlene zusammenzuckte.
„Ihr hattet wirklich keinen Sex miteinander?“, begann sie noch einmal. „Ich glaub’s nicht. War nur so ein kindliches Geknutsche zwischen euch?“
Marlene wurde nun richtig sauer.
„Das geht dich überhaupt nichts an!“, rief sie. „Ich bin eben nicht so eine, die mit jedem ins Bett steigt. Und Markus auch nicht.“

„Haa!“, schrie Charlotte. „Jetzt spielst du auch noch die keusche Schönheit. Nee, Marlene. Die Rolle steht dir nicht. Sonst hättest du dich Markus nicht sofort an den Hals geworfen.“
„Ich habe nicht ...“ Marlene schluckte.
Aber Charlotte ging nicht darauf ein. Sie blieb stehen und betrachtete Marlene genauer. „Wahrscheinlich hast du Markus nicht besonders angeturnt“, grinste sie höhnisch. „Naja, wenn man ehrlich ist, bist du ja auch noch ganz schön unterentwickelt.“ Sie lachte. „Früher hat sich Markus immer über dich lustig gemacht. Weißt du das eigentlich? Er meinte immer, du wärst noch total kindlich. Und dann deine Figur. Wie ein Kleinkind.“
Marlenes Gesicht brannte wie Feuer. Charlotte hatte Recht. Ihr Körper war wirklich nicht besonders weit entwickelt. Ob das Markus wirklich etwas ausmachte?
„Vielleicht fand er es auch mal ganz lustig, mal 'ne Jungfrau zu knacken“, fuhr Charlotte ungerührt fort. „Er wusste ja nicht, dass es so eine mühsame Arbeit ist.“
Marlene wurde nun so wütend, dass ihr die Tränen in die Augen traten.

„Du bist so gemein. So schrecklich gemein. Und das alles nur, weil du eifersüchtig auf mich bist. Und weil du nicht einsehen willst, dass Markus jetzt mit mir zusammen ist."
Charlotte ging nicht auf Marlene ein.
„Kein Wunder, dass mir Markus so sehnsüchtig in den Ausschnitt guckt", prustete sie.
„Wir hatten da schon ganz andere Nummern."
Sie beugte sich zu Marlene hinüber.
„Beinahe hatten wir sogar mal Sex in der Schule. Im Kartenraum. So verrückt war er nach mir. Hat er dir das erzählt?"
Das fuhr Marlene direkt in die Magengrube. Ihre Tränen liefen jetzt. Das war ihr ganz besonders peinlich. Schnell klemmte sie ihre Tasche unter den Arm und begann, zu rennen.
„Jetzt heult sie auch noch!", rief Charlotte ihr nach. Sie lachte laut. „Der arme Markus!", brüllte sie noch. „Der hat sich ja zu Tode gelangweilt mit dir!"
Das Lachen ging Marlene durch Mark und Bein. Sie rannte, so schnell sie konnte, nach Hause.

11

Aber auch zu Hause fand Marlene keine Ruhe. Immer wieder spukten ihr Charlottes Worte im Kopf herum. War sie Markus wirklich zu kindlich? Hätte er wirklich gerne mehr mit ihr gehabt? Andererseits, so lange waren sie ja auch nicht zusammen gewesen. Man konnte doch nicht gleich nach einer Woche …

Hatte er wirklich mit Charlotte Sex gehabt? Sie hatten nie darüber geredet.

Marlene stand auf und ging zur Tür. Sie musste mit ihm über alles sprechen. Nur er konnte ihr sagen, was er wirklich empfand. Gerade hatte sie die Straße betreten, in der Markus wohnte, da sah sie eine Gestalt auf sich zu kommen. Schwarzes T-Shirt, enge Jeans, die Fransenjacke um die Hüften gebunden. Kein Zweifel. Das war Charlotte. Marlene sprang hinter einen Busch und duckte sich. Gott sei Dank. Charlotte hatte sie nicht gesehen. Marlene spürte einen wahnsinnigen Druck auf ihrer Brust. Kein Zweifel! Charlotte war bei Markus gewesen. Einen Moment wartete sie, bis Charlotte um die Hausecke verschwunden war. Dann rannte sie zum Haus hinüber, in dem Markus wohnte. Sie drückte auf die oberste Klingel. Kurze Zeit später summte der Türöffner.

Marlene rannte die Treppe hinauf. Der Kloß in ihrem Hals wurde bei jeder Stufe dicker und dicker.

Markus stand in der Korridortür und schaute sie verwundert an.

„Marlene?" Sein Gesicht sah verschlossen aus. „Was willst du denn hier?"

„Ich muss mit dir reden!", erwiderte Marlene. Sie wartete Markus' Antwort gar nicht ab, sondern ging direkt in sein Zimmer hinüber. Ihr Blick wanderte durch den Raum. Unruhig und voller Angst. Das war es, wovor Marlene so große Angst gehabt hatte. Die Bettdecke zeigte eine tiefe Kuhle. So, als wenn da kurz vorher zwei Menschen gelegen hatten.

„Marlene? Alles okay mit dir?" Markus sah sie verwundert an.

„War Charlotte hier?"

„Ja, war sie. Aber keine Panik. Es ist nichts zwischen uns. Wir haben nur geredet.

Ich habe ihr noch mal gesagt, wie lieb ich dich habe und dass …“ Markus brach ab. Dann kam er näher.
„Marlene!“, sagte er erschrocken. „Du weinst ja. Was ist denn?“
„Das Bett …“, flüsterte Marlene und ihre Tränen liefen schneller. „Warst du mit Charlotte im Bett?“
„Spinnst du?“, rief Markus und ging jetzt zu ihr. Er legte seine Arme um ihren Hals und drückte sie fest an sich. „Marlene, du siehst Gespenster. Wirklich.“
Er wiegte sie wie ein kleines Kind.
„Charlotte hat sich aufs Bett gesetzt. Sie ganz allein. Ich war hier auf meinem Schreibtischstuhl. Wirklich. Ich schwöre.“
Marlene drückte ihr heißes Gesicht an sein Hemd und weinte und weinte.
„Ich dachte schon …?“
„Dass ich mit ihr geschlafen habe? Bist du verrückt? Wie kommst du denn darauf.“
Er streichelte ihre Haare. Küsste dann ihren zitternden Mund.

Allmählich beruhigte sich Marlene. „Entschuldigung!", sagte sie leise und wischte sich die Tränen mit ihren Fingern ab. „Ich weiß gar nicht mehr, was ich denken soll. Aber als mir Charlotte heute sagte, ihr hättet schon so oft miteinander geschlafen, kriegte ich plötzlich Panik. Und dann habe ich sie eben auf der Straße vor eurem Haus gesehen. Naja, und jetzt diese Kuhle im Bett."
„Oh Gott, was denkst du denn von mir!", lächelte Markus und drückte sie wieder an sich.
Marlene streichelte über seine Brust. Und plötzlich, ganz plötzlich hielt sie inne. Markus' Hemd! Es war falsch geknöpft. Der dritte Knopf war in das vierte Knopfloch geknöpft worden.
Klar. Das konnte schnell mal vorkommen. Ihr selbst war das auch schon oft passiert. Es konnte einem aber eben auch dann passieren, wenn man sein Hemd allzu schnell anziehen musste.
Marlene hatte Mühe, ihren Blick vom falsch geknöpften Hemd zu Markus' Gesicht zu wenden. Markus sah sie immer noch freundlich an.

„Hör zu, Marlene“, sagte er dann. „Ich finde, wir alle drei brauchen jetzt ein bisschen Zeit und Ruhe, um über alles nachzudenken. Was meinst du?“

Langsam wich Marlene zurück bis zur Zimmertür.

„Ja“, sagte sie dann. „Ja, das glaube ich auch.“

Ihre Knie zitterten so schrecklich, aber sie hoffte, er würde es ihr nicht anmerken. Mitleid war jetzt das Letzte, das sie ertragen konnte.

„Übrigens“, fuhr sie dann fort und hoffte, dass ihre Stimme nicht umschlug. „Dein Hemd ist falsch geköpft. Aber macht nichts. Kann ja mal passieren.“

Dann drehte sie sich auf dem Absatz um und wollte zur Tür. Aber Markus war schneller. Er baute sich vor der Tür auf und sah sie wütend an.

„Hör zu, Marlene!“, rief er, und seine Stimme überschlug sich fast. „Wenn du mir jetzt nicht traust, dann können wir es echt knicken.“

Marlene starrte immer noch auf das falsch geknöpfte Hemd.
„Ich weiß nicht“, flüsterte sie. „Ich glaube, ich werde langsam verrückt.“
Markus umarmte sie.
„Ich sag dir was!“, sagte er. „Sie hat es versucht. Sie wollte mich verführen. Aber ich wollte nicht, kapierst du?“
„Hat sie an dir rumgefummelt? Dein Hemd aufgemacht? Oh Gott, das glaub ich einfach nicht! “ Marlene befreite sich aus der Umarmung. „Und du, hast du ihr echt widerstanden? Hast du gesagt: Nimm die Pfoten von mir, ich liebe Marlene?“
Markus senkte den Kopf.
„Du musst mir vertrauen“, sagte er leise. „Wenn wir kein Vertrauen zueinander haben, taugt unsere Beziehung nichts.“
Marlene schluckte. Dann wischte sie sich die Tränen mit dem Ärmel ihres Sweatshirts weg.
„Ich muss erst mal über alles nachdenken“, sagte sie dann.

12

Es war schwer, Markus zu vertrauen. Das Misstrauen war immer schnell wieder da, wenn Charlotte mit Markus redete, wenn sie mit ihm lachte oder sich freundschaftlich bei ihm einhakte.
Und auch Markus verhielt sich nicht immer eindeutig. Er saß immer noch im Unterricht neben Charlotte. Meist standen Marlene und Markus mit den anderen in einer Gruppe auf dem Schulhof. Dann wirkte Markus oft fröhlich und lebendig, Marlene war eher still und in sich gekehrt.
Natürlich küsste Markus sie und umarmte sie auch, aber Marlene hätte sich oft gewünscht, dass seine Zeichen eindeutiger gewesen wären.
Besonders traurig aber war Marlene, dass ihre Freundschaft zu Charlotte zerbrochen war. Charlotte und sie waren seit der Einschulung unzertrennliche Freundinnen gewesen. Jetzt aber redeten sie nicht mehr miteinander.
Ohne sie fühlte sich Marlene sehr allein.
Und manchmal, ganz manchmal, tauchte die

Frage in ihrem Hinterkopf auf, ob die Liebe zu Markus es wert gewesen war, diese Freundschaft aufs Spiel zu setzen.

So war Marlene sehr erschrocken, als sich Charlotte fast einen Monat später plötzlich im Kunstunterricht neben ihr auf den freien Platz setzte.
Marlene starrte schüchtern nach vorne.
„Malst du immer noch Manga?“, fragte Charlotte nach einer Weile.
Marlene nickte. „Ohne Malen kann ich nicht leben. Das weißt du doch“, antwortete sie.
Charlotte nickte und lächelte. Eine Weile schwiegen die beiden.
„Hör zu, Charlotte“, sagte Marlene dann leise. „Es tut mir schrecklich leid, was passiert ist. Ich habe das wirklich nicht gewollt. Es ist einfach so passiert. Einfach so. Ehrlich.“
Charlotte antwortete nicht.
„Heute wollen wir mit dem Porträtzeichnen beginnen“, übernahm Herr Schubert, der Kunstlehrer, den Unterricht. „Wichtig ist, dass ihr euch Punkte und Linien skizziert. Dann habt ihr einen Anhaltspunkt.“

Er zeichnete ein Quadrat an die Tafel, markierte ein paar Kreise und Linien darin und ließ nach und nach ein Gesicht entstehen.
„Klasse“, staunte Marlene.
„Das kannst du doch auch“, lächelte Charlotte. „Nur dass du diese ganzen Hilfslinien nicht brauchst.“
Herr Schubert nickte der Klasse zu.
„Und nun tut euch bitte zu zweit zusammen. Macht ab, wer mit dem Zeichnen beginnt und wer Model sitzt.“
Markus drehte sich zu Marlene um und lächelte, doch in dem Moment legte auch Charlotte ihre Hand auf Marlenes Arm.
„Malst du mich, Marlene?“, fragte sie.
Marlene schluckte und nickte. „Gerne.“

Sie suchten einen Platz am Fenster. Marlene wählte einen weichen Bleistift und schlug ihren Skizzenblock auf. Dann betrachtete sie Charlotte lange.
Charlotte sah unheimlich schön aus mit diesen langen blonden Haaren und den grünen Augen. Die hellen Strähnen glänzten in der Sonne.

Auch Charlotte betrachtete Marlene aufmerksam.
„Du siehst traurig aus, Marlene“, sagte sie plötzlich. „Das ist auch für dich nicht so einfach, was?“
„Das stimmt“, gab Marlene zu.
„Ihr passt gut zusammen“, fuhr Charlotte fort. „Besser als Markus und ich.“
Marlene sah sie nachdenklich an. Ob sie das ernst meinte?
Ihr Bleistift fuhr über das Papier. Sie malte Charlottes schmales Gesicht, skizzierte dann Augen, Nase, Mund und Ohren.
„Ich meine es ernst“, sagte Charlotte dann. „Und ich glaube, ich bin langsam über den Schock hinweg.“ Sie zögerte einen Moment lang. Es fiel ihr schwer, weiterzusprechen.
„Die Sexgeschichten habe ich mir nur ausgedacht“, fuhr sie fort.
Marlene erwiderte nichts. Sie begann nun, Charlottes Haare zu zeichnen.
„Marlene“, begann Charlotte nun noch einmal. „Ich würde mich gerne mal wieder mit dir treffen. Zum Quatschen und zum Lästern. Und zum Shoppen und um uns für eine Party fertig zu machen.“

Marlene nickte. „Das vermisse ich auch so“, sagte sie.
Nun schwiegen sie beide. Marlene zeichnete Lichtreflexe in die Haare. „Manchmal frage ich mich, ob es das wert war“, fuhr Marlene fort. „Diese Beziehung hat unsere Freundschaft zerstört. Aber bitte glaub mir, dass ich das so nicht gewollt habe. Ich wollte dir nicht wehtun.“
Charlotte nickte. „Und ich wollte dir wehtun. Ich habe dich so gehasst. Habe tausend Pläne geschmiedet, wie ich mich rächen kann.“ Sie sah traurig aus. „Die Wut ist eine starke Kraft.“
„Die Liebe auch“, erwiderte Marlene.

Das Bild, das von Charlotte entstand, war einfach gelungen. Ihre Haare, die Art und Weise, wie sie lachte, wie sich ihre Augen dabei schräg stellten, das war Charlotte, wie sie lebte.
„Genial!“, rief Herr Schubert begeistert. „Du bist sehr begabt, Marlene.“
Marlene lächelte verlegen. Dann wandte sie sich Charlotte zu.

„Magst du das Bild haben?“, fragte sie dann. Charlotte nickte gerührt. „Das ist total lieb von dir“, sagte sie dann.
Markus hatte Recht. Sie hatten sich alle sehr verletzt. Und sie würden Zeit brauchen, bis sie einander verzeihen konnten. Aber vielleicht, eines Tages, würde alles ein bisschen werden wie früher. Vielleicht.

Weitere Titel aus der K.L.A.R.-Reihe

Kurze, einfache Texte zu aktuellen Themen – dafür stehen die Romane aus der K.L.A.R.-Reihe. Taschenbücher, die spannend und leicht verständlich sind, machen Lust aufs Lesen!

Im Chat war er noch so süß!
Annette Weber
ab 12 J., 95 S., 12 x 19 cm,
Paperback
ISBN 978-3-8346-0065-3
Best.-Nr. 60065
5,– € (D)/5,15 € (A)/8,10 CHF

Sauf ruhig weiter, wenn du meinst!
Annette Weber
ab 12 J., 85 S., 12 x 19 cm,
Paperback
ISBN 978-3-86072-875-8
Best.-Nr. 2875
5,– € (D)/5,15 € (A)/8,10 CHF

Und schneller als die Bullen waren wir auch!
Kurt Wasserfall
ab 12 J., 105 S., 12 x 19 cm,
Paperback
ISBN 978-3-8346-0168-1
Best.-Nr. 60168
5,– € (D)/5,15 € (A)/8,10 CHF

Aber ich bin doch selbst noch ein Kind!
Annette Weber
ab 12 J., 97 S., 12 x 19 cm,
Paperback
ISBN 978-3-86072-977-9
Best.-Nr. 2977
5,– € (D)/5,15 € (A)/8,10 CHF

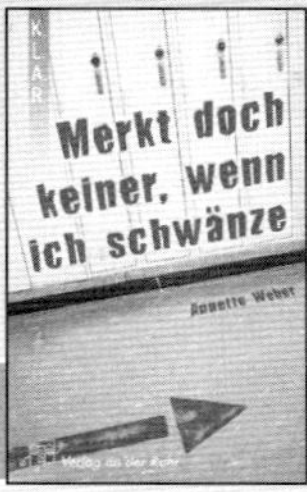

Merkt doch keiner, wenn ich schwänze.
Annette Weber
ab 12 J., 97 S., 12 x 19 cm,
Paperback
ISBN 978-3-8346-0036-3
Best.-Nr. 60036
5,– € (D)/5,15 € (A)/8,10 CHF

Bist du schwul, oder was?
Frank G. Pohl
ab 12 J., 106 S., 12 x 19 cm,
Paperback
ISBN 978-3-8346-0444-6
Best.-Nr. 60444
5,– € (D)/5,15 € (A)/8,10 CHF